はじめに

　料理はプロの料理人や家庭の中で長い時間をかけて磨かれ、生き続けてきました。そこには技術的なことだけでなく、人間が積み重ねてきた知識や知恵そして文化が詰まっています。

　おいしいと感じると、人は笑顔になり、幸せな気持ちになります。「おいしさ」という目に見えないものを通して、人と人が親密になれるのは料理がもつ不思議な力です。

　楽しい食は心にゆとりを与え、人生を豊かにします。楽しく健康的な食生活をおくったり、子どもたちに本来の食を伝えたりすることは、自分自身や家族を大切にすることにつながります。

　そのために、もっと料理のことを知りましょう。食材、調理法、道具、そして食文化などについての知識を得ると、食を楽しむ力や選ぶ力がつきます。健全な食生活を実践するための「食育」も、決して難しいことではなく、足もとの食を見直すことから始まります。

　人生を楽しく、人生をより豊かに——。もっと深く、もっと身近に料理がもつ素晴らしさを知ってほしい。そんな思いから「料理検定」はスタートしました。

大阪あべの辻調理師専門学校
料理検定委員会

【この本の使い方】

●この本は、第1部に1級模擬問題120問を、第2部にその正解と解説を掲載しています。最初に第1部から始め、問題だけを解いてみることをおすすめします。その後、第2部の正解と解説をお読みください。
●問題は日本料理30問、西洋料理45問、中国料理25問、食材20問の合計120問からなっています。
●問題をやり終えたら、間違えた問題をチェックし、苦手な分野を克服するようにしましょう。

※料理の作り方や考え方は人や地方によって異なりますが、本書は「大阪あべの辻調理師専門学校」の考え方をもとに構成しています。
※植物名・動物名については、各地に伝統野菜や地域団体商標などの登録名称、ブランド名などがありますが、いくつかの例外を除き、基本的にカタカナ表記にしています。
※日本語の読みはひらがなで、外国語のルビはカタカナで記しています。なお、中国語は中国標準語読みです。
※日本料理の問題および解説では、食材と料理名については主として漢字表記にしています。

第1部

1級模擬問題
全**120**問

Q01 日本料理　　　　　　　　　　　　　　　　　　答

江戸時代には原則として獣肉は食べてはいませんが、一部ではある名称で食べられていました。その名称とは次のうちどれでしょう。
[A] くすり喰い　[B] 下手物喰い　[C] けもの喰い

Q02 日本料理　　　　　　　　　　　　　　　　　　答

正月に「屠蘇（とそ）を祝う」などといいますが、この「屠蘇」とは何ですか。
[A] 日本酒をろ過しない濁り酒
[B] 清酒とみりんを混ぜた酒
[C] 生薬の成分を日本酒やみりんに移した酒

Q03 日本料理　　　　　　　　　　　　　　　　　　答

「石麿（いはまろ）に　われ物申す　夏痩せに良しといふ物そ　鰻取り食（め）せ」とは石麿という痩せた人に「鰻は夏痩せにいいよ」とすすめた歌ですが、詠み人は誰ですか。
[A] 在原業平（ありわらのなりひら）　[B] 大伴家持（おおとものやかもち）　[C] 柿本人麻呂（かきのもとのひとまろ）

Q04 日本料理　　　　　　　　　　　　　　　　　　答

焼き魚や焼き鳥には炭火が一番といわれます。中でも「紀州備長炭」に代表される備長炭はあまりにも有名ですが、次のうち備長炭でないのはどれですか。
[A] 菊炭（きくずみ）　[B] 堅炭（かたずみ）　[C] 白炭（しろずみ）

Q05 日本料理　　　　　　　　　　　　　　　　　　答

正月のおせち料理や祝いの席で用いる、柳製で両端が細くなっている箸がありますが、両端が使えるようになっている理由はどれですか。
[A] 動物性、植物性の料理で使い分ける
[B] 汁気の多い料理とそうでない料理で使い分ける
[C] 神とともに食べることを意味する

1級模擬問題

Q06 日本料理 [答]

その昔、今の福井県・若狭から京都まで、ある魚を運んだことから名づけられた道がありますが、それはどれですか。
[A] ぶり街道　[B] さば街道　[C] ぐじ街道

Q07 日本料理 [答]

細切りのさつま芋を衣に用いた揚げ物にふさわしくない名称はどれですか。
[A] 蓑揚げ　[B] 丹波揚げ　[C] 丸十揚げ

Q08 日本料理 [答]

魚の締め方で脊椎や尾のつけ根に包丁目を入れ、冷水に落として血を一気に抜く締め方を何といいますか。
[A] 野締め　[B] 活け締め　[C] 一丁締め

Q09 日本料理 [答]

木の芽和えは春らしい料理で香りがよいのが特徴ですが、木の芽の色をより鮮やかに見せるために、一般的に加えるものはどれですか。
[A] 灰汁　[B] にがり　[C] 青寄せ

Q10 日本料理 [答]

主に古漬けの漬物を薄く、あるいは細かく刻み、塩出しをして盛りつける漬物を何といいますか。
[A] 覚弥　[B] おぼろ　[C] 沼田

Q11 日本料理 [答]

懐石の「八寸」の前にだされる吸い物でないのはどれでしょう。
[A] 湯吸い物　[B] 箸洗い吸い物　[C] 座付き吸い物

Q12 日本料理 答

椀物の吸い口の別名でないのはどれですか。
[A] 皇頭　[B] 鶴頭　[C] 香頭

Q13 日本料理 答

椀物の仕立て方に吉野仕立てというのがありますが、同じ要領で仕立てないのは次のうちどれですか。
[A] 丸仕立て　[B] 薄葛(うすくず)仕立て　[C] すり流し仕立て

Q14 日本料理 答

洗いの手法で調理する造りは次のうちどれですか。
[A] 鯛皮霜(かわしも)造り　[B] 鮎(あゆ)背越し造り　[C] 鱧(はも)ちり造り

Q15 日本料理 答

料理名には地名に由来するものがありますが、次のうち地名にかかわりのないものはどれですか。
[A] 八幡巻き　[B] 鞍馬煮　[C] 花巻そば

Q16 日本料理 答

次の煮物の名称と使用する材料の組み合わせで、間違っているのはどれですか。
[A] 瑠璃(るり)煮…茄子　[B] 翡翠(ひすい)煮…独活(うど)　[C] 栂尾(とがのお)煮…さつま芋

Q17 日本料理 答

次の蒸し物で湯葉を用いたものはどれですか。
[A] 道明寺蒸し　[B] 東寺蒸し　[C] 南禅寺蒸し

1級模擬問題

Q18 日本料理
「共わた酢和え」として正しいのは次のうちどれですか。
[A] 蒸した鮑の身を、三杯酢と鮑のわた(肝)を合わせた酢で和えたもの。
[B] 昆布締めの鯛の身を、ポン酢とあん肝を合わせた酢で和えたもの。
[C] 生海老の身を、黄身酢と蟹みそを合わせた酢で和えたもの。

Q19 日本料理
次の料理のうち、精進料理でないのはどれですか。
[A] 饗応膳料理　[B] 普茶料理　[C] 黄檗料理

Q20 日本料理
次の菓子のうち、南蛮菓子として日本に伝えられたものはどれですか。
[A] 外郎　[B] 有平糖　[C] 羊羹

Q21 日本料理
日本料理の基本形でない盛り方はどれですか。
[A] 波盛り・山盛り・里盛り
[B] 杉盛り・俵盛り・混ぜ盛り
[C] 重ね盛り・平盛り・寄せ盛り

Q22 日本料理
日本料理の器で漆器は代表的なものですが、次のうち漆細工の手法でないのはどれですか。
[A] 蒔絵　[B] 螺鈿　[C] 金襴手

Q23 日本料理
日本料理では盛りつけの際、木の葉や小枝を添えたり敷いたりしますが、これを何といいますか。
[A] そえしき　[B] かいしき　[C] したしき

Q24 日本料理　　　　　　　　　　　　　　　　　答

日本料理では涼感をだすためにガラス器を用いますが、次のうちガラス器のことを表していない言葉はどれですか。
[A] ボヘミア　[B] ギヤマン　[C] チャイナ

Q25 日本料理　　　　　　　　　　　　　　　　　答

次のうち助六寿司に関係のない寿司はどれですか。
[A] 太巻き寿司　[B] 稲荷寿司　[C] 箱寿司

Q26 日本料理　　　　　　　　　　　　　　　　　答

次のうち、葛粉、寒天、ゼラチンで冷やしかためた料理でないのはどれですか。
[A] 胡麻豆腐　[B] 滝川豆腐　[C] 擬製豆腐

Q27 日本料理　　　　　　　　　　　　　　　　　答

造りのつけ醤油で土佐醤油というのがありますが、どのような醤油ですか。
[A] かつお節の旨味を加えた醤油
[B] 昆布の旨味を加えた醤油
[C] 濃口醤油にたまり醤油を加えた醤油

Q28 日本料理　　　　　　　　　　　　　　　　　答

江戸時代、茶飯に豆腐汁や煮豆などをつけてだした一膳飯を何といいますか。
[A] 浪花茶飯　[B] 奈良茶飯　[C] 江戸茶飯

Q29 日本料理　　　　　　　　　　　　　　　　　答

江戸時代に上方から江戸に輸送された日本酒は何と呼ばれましたか。
[A] 下り酒　[B] 上々酒　[C] 入り酒

Q30 日本料理
沖縄料理の「ナカミの汁」の主材料は次のうちどれですか。
[A] ウフゲー [B] ハラガー [C] チラガー

Q31 西洋料理・フランス
エスカルゴの身とエスカルゴバターを殻に詰めて焼いた料理を何風というでしょう。
[A] プロヴァンス風 [B] ブルゴーニュ風 [C] バスク風

Q32 西洋料理・フランス
「ペリゴール風」と名づけられた料理によく用いられる材料は次のうちどれでしょう。
[A] ジロール [B] モリーユ [C] トリュフ

Q33 西洋料理・フランス
キャビアはフランス料理のオードブルによく用いられますが、次のうち最も粒が大きいものはどれでしょう。
[A] ベルーガ [B] オセトラ [C] セヴルーガ

Q34 西洋料理・フランス
「4種の香辛料」という意味の混合香辛料はどれでしょう。
[A] フィーヌ・ゼルブ [B] カトルエピス [C] エルブ・ド・プロヴァンス

Q35 西洋料理・フランス
次のコショウのうち、最も辛いものはどれでしょう。
[A] 白コショウ [B] 黒コショウ [C] 緑コショウ

Q36 西洋料理・フランス
アルザス地方の名物はどれでしょう。
[A] ラタトゥイユ [B] ピペラード [C] シュークルート

Q37 西洋料理・フランス　　　　　　　　　　　答

食前酒のキールはフランスのどの町の市長の名に由来するでしょう。
[A] パリ　[B] ランス　[C] ディジョン

Q38 西洋料理・フランス　　　　　　　　　　　答

プレ＝サレとは何の家畜でしょう。
[A] 牛　[B] 豚　[C] 羊

Q39 西洋料理・フランス　　　　　　　　　　　答

フランスのA.O.C.（アオセ）（原産地管理呼称制度）で認定されている鶏の産地は次のどこでしょう。
[A] ポイヤック　[B] ブレス　[C] ピュイ

Q40 西洋料理・フランス　　　　　　　　　　　答

フザンダージュと関係の深い食材はどれでしょう。
[A] ヴォライユ　[B] アバ　[C] ジビエ

Q41 西洋料理・フランス　　　　　　　　　　　答

山シギなど猟鳥類をローストし、その骨や皮で作ったソースを添える料理を何といいますか。
[A] サルミ　[B] シヴェ　[C] ジブロット

Q42 西洋料理・フランス　　　　　　　　　　　答

ジュリエンヌとはどんな切り方でしょう。
[A] 角切り　[B] せん切り　[C] 薄切り

Q43 西洋料理・フランス　　　　　　　　　　　答

舌ビラメをフランス語で何といいますか。
[A] bar（バール）　[B] sole（ソル）　[C] turbot（テュルボ）

1級模擬問題

Q44 西洋料理・フランス　　　　　　　　　　　　　答

次のうち乳化のタイプが水中油滴型でないものはどれでしょう。
［A］ブール・ブラン　［B］バター　［C］マヨネーズ

Q45 西洋料理・フランス　　　　　　　　　　　　　答

（　）に適する語はどれでしょう。「ソースの仕上げにバターを加えてコクやつやをつけることを、バターで（　）するという」。
［A］モンテ　［B］マリネ　［C］ミジョテ

Q46 西洋料理・フランス　　　　　　　　　　　　　答

キノコの一種、モリーユは日本語で何と呼ぶでしょう。
［A］アミガサタケ　［B］アンズタケ　［C］ヤマドリタケ

Q47 西洋料理・フランス　　　　　　　　　　　　　答

ジャガイモを太めの棒状に切って揚げた料理を何というでしょう。
［A］ポム・デュシェス　［B］ポム・ポン＝ヌフ　［C］ポム・ドーフィーヌ

Q48 西洋料理・フランス　　　　　　　　　　　　　答

「バリグール風」の主材料に使う野菜はどれでしょう。
［A］トマト　［B］ズッキーニ　［C］アーティチョーク

Q49 西洋料理・フランス　　　　　　　　　　　　　答

ナヴァランは何の肉の煮込みでしょうか。
［A］牛　［B］豚　［C］羊

Q50 西洋料理・フランス　　　　　　　　　　　　　答

リ・ド・ヴォとは子牛の、どの部位のことでしょう。
［A］腎臓　［B］肝臓　［C］胸腺

Q51 西洋料理・フランス　答

鶏の首のつけ根にあるV字形の骨（鎖骨）をフランス語で何といいますか。
[A] ソリレス　[B] クルピヨン　[C] フルシェット

Q52 西洋料理・フランス　答

黒オリーブをベースにしたプロヴァンス地方のペーストを何といいますか。
[A] ピストゥ　[B] タプナード　[C] アイヨリ

Q53 西洋料理・フランス　答

ヒヨコ豆の粉で作るクレープのようなニースの名物は何でしょう。
[A] パニス　[B] シシ・フレジ　[C] ソッカ

Q54 西洋料理・フランス　答

19世紀はじめ、宴会料理を中心に活躍したフランスの料理人は誰でしょう。
[A] ボーヴィリエ　[B] カレーム　[C] デュボワ

Q55 西洋料理・フランス　答

次のうちオーヴェルニュ地方のチーズはどれでしょう。
[A] モン＝ドール　[B] フルム・ダンベール　[C] ポン＝レヴェック

Q56 西洋料理・イタリア　答

イタリアの秋の味覚のひとつで、フランスではセープと呼ばれるキノコはどれでしょう。
[A] ポルチーニ　[B] モリーユ　[C] オーヴォリ

Q57 西洋料理・イタリア　答

魚卵の加工品のボッタルガは、ボラ以外に、何の卵巣から作られるでしょう。
[A] タイ　[B] ニシン　[C] マグロ

1級模擬問題

Q58 西洋料理・イタリア　　　　　　答

「フリッタータ」とはどのような料理でしょう。
[A] フライ　[B] サラダ　[C] オムレツ

Q59 西洋料理・イタリア　　　　　　答

ケイパーは植物のどの部分でしょう。
[A] 蕾　[B] 根茎　[C] 果実

Q60 西洋料理・イタリア　　　　　　答

豚肉加工品のパンチェッタは、どの部位から作られるでしょう。
[A] 肩肉　[B] バラ肉　[C] ホホ肉

Q61 西洋料理・イタリア　　　　　　答

世界的に有名なイタリアの生ハムの産地で正しいものはどれでしょう。
[A] パルマ　[B] パドヴァ　[C] バーリ

Q62 西洋料理・イタリア　　　　　　答

クリスマスに関係のあるドルチェはどれでしょう。
[A] コロンバ　[B] キアッキエレ　[C] パネットーネ

Q63 西洋料理・イタリア　　　　　　答

「ポレンタ」とは、何を煮たものでしょう。
[A] トウモロコシ粉　[B] セモリナ粉　[C] そば粉

Q64 西洋料理・イタリア　　　　　　答

古代ローマ時代に広く使われていたガルムは、どのような調味料でしょう。
[A] 甘味料　[B] 酢　[C] 魚醤

Q65 西洋料理・イタリア　　答

「スパゲッティ・カルボナーラ」はどこの地方料理でしょう。
[A] フィレンツェ　[B] ローマ　[C] ヴェネツィア

Q66 西洋料理・イタリア　　答

詰め物入りパスタでないのはどれでしょう。
[A] カッペッレッティ　[B] カペッリーニ　[C] トルテッリーニ

Q67 西洋料理・イタリア　　答

フランス料理の「ポトフ」に似た、肉と野菜の煮込みを何というでしょう。
[A] ボッリート・ミスト　[B] リボッリータ　[C] マンゾ・ブラザート

Q68 西洋料理・イタリア　　答

温めたカード（凝乳）を湯の中で練りのばして作るフレッシュタイプのイタリアチーズはどれでしょう。
[A] マスカルポーネ　[B] リコッタ　[C] モッツァレッラ

Q69 西洋料理・イタリア　　答

パスタ料理の名前につくアラビアータの意味は何でしょう。
[A] アラブの　[B] 怒った　[C] 赤トウガラシの

Q70 西洋料理・イタリア　　答

以下のうち、一番細いロングパスタはどれでしょう。
[A] スパゲッティーニ　[B] カペッリーニ　[C] カペッリ・ダンジェロ

Q71 西洋料理・イタリア　　答

ペッティネと呼ばれる器具の上を転がして筋をつけた手打ちパスタはどれでしょう。
[A] ガルガネッリ　[B] オレッキエッテ　[C] マッケローニ・アッラ・キタッラ

1級模擬問題

Q72 西洋料理・イタリア　　答

イタリアワインのランクづけとして最高位にあるのはどれでしょう。
[A] A.O.C.　[B] D.O.C.　[C] D.O.C.G.

Q73 西洋料理・スペイン　　答

スペインのバルで、酒のおつまみとしてだされる、少量の料理のことを一般に何と呼ぶでしょう。
[A] トルティーリャ　[B] セルベサ　[C] タパス

Q74 西洋料理・スペイン　　答

「パエリア」をはじめとする米料理が有名なのはスペインのどの地方でしょう。
[A] バレンシア　[B] アンダルシア　[C] カタルーニャ

Q75 西洋料理・スペイン　　答

スペインの冷たい野菜スープ「ガスパチョ」に欠かせない野菜はどれでしょう。
[A] トマト　[B] ニンジン　[C] ホウレンソウ

Q76 中国料理　　答

毛沢東の出身地として知られ、四川料理に匹敵する辛さで有名な地方料理はどれでしょう。
[A] 福建料理　[B] 雲南料理　[C] 湖南料理

Q77 中国料理　　答

中国の麺は種類が多く、製法もさまざまです。小麦粉を鶏卵でこね、細く切った後に油で揚げて作る麺は次のうちのどれでしょう。
[A] 炸醤麺（ヂャーヂャンミェン）　[B] 伊府麺（イーフゥミェン）　[C] 刀削麺（タオシャオミェン）

Q78 中国料理

アヒルを丸焼きにした北京ダックは世界的に有名ですが、この料理の中国語名は次のうちどれでしょう。
[A] 北京烤鴨（ベイチンカオヤー）　[B] 北京燻鴨（ベイチンシュンヤー）　[C] 北京焼鴨（ベイチンシャオヤー）

答

Q79 中国料理

「鮑参翅肚（パオシェンチートゥ）」は、中国料理で使う乾物4品の名称を結合させた成語です。干しアワビ、干しナマコ、フカヒレを指しますが、最後のひとつは何でしょう。
[A] 魚の皮　[B] 魚の唇　[C] 魚の浮き袋

答

Q80 中国料理

ピータンは中国語で皮蛋（ピータン）と書き、アヒルの卵の加工品として知られていますが、その別名で間違っているのはどれでしょう。
[A] 彩蛋（ツァイタン）　[B] 鹹蛋（シェンタン）　[C] 松花蛋（ソンホワタン）

答

Q81 中国料理

中国では精進料理のことを何というでしょう。
[A] 回民菜（ホエイミンツァイ）　[B] 素菜（スゥツァイ）　[C] 清真菜（チンチェンツァイ）

答

Q82 中国料理

中国で竹蓀（デュウスン）、竹笙（デュウション）などといわれ、本来は竹やぶに自生するキノコは何でしょう。
[A] キヌガサタケ　[B] フクロタケ　[C] ヤマブシタケ

答

Q83 中国料理

中国ではハルサメのことを粉絲（フェンスー）、板ハルサメを粉皮（フェンピー）といいますが、その原料は何でしょう。
[A] 緑豆（りょくとう）　[B] ヒシの実　[C] ヤマイモ

答

16

Q84 中国料理　　答

中国で火腿(フオトェイ)といわれる豚肉の加工品を日本では何というでしょう。
[A] 中国ベーコン　[B] 中国ハム　[C] 中国ソーセージ

Q85 中国料理　　答

日本で俗に「上海蟹」と呼ばれるのはどんなカニのことでしょうか。
[A] ワタリガニ　[B] ノコギリガザミ　[C] チュウゴクモクズガニ

Q86 中国料理　　答

小吃(シャオチー)の意味として正しいのは、どれでしょう。
[A] 小さく切り分けて食べること
[B] 腹八分目で控えめに食べること
[C] 料理店で手軽に食べる料理や軽食のこと

Q87 中国料理　　答

胡麻(ごま)、胡桃(くるみ)、胡瓜(きゅうり)などは、いわゆる「張騫(ちょうけん)もの」といわれ、その昔、西域から中国に伝わったものです。その時代はいつごろだったでしょう。
[A] 漢代　[B] 唐代　[C] 宋代

Q88 中国料理　　答

中国では、春節(旧正月)の餃子、端午節の粽(ちまき)など年中行事と食べ物には深い関係があります。では、中秋節に食べるものは何でしょう。
[A] 白玉団子　[B] 月餅(げっぺい)　[C] 上海蟹

Q89 中国料理

中国古代の思想家、孟子は「魚も○○も好むところだが、どちらかひとつといわれれば○○をとる」と言いました。では、この○○とは何でしょう。

[A] 熊掌（熊の手のひら）シオンヂャン
[B] 鹿筋（鹿のアキレス腱）ルゥチン
[C] 駝峰（ラクダのこぶ）トゥオフォン

答

Q90 中国料理

中国料理ではスープのことを「湯タン」といいますが、白く濁った濃厚な味のスープを何というでしょう。

[A] 上湯シャンタン　[B] 奶湯ナイタン　[C] 清湯チンタン

答

Q91 中国料理

中国料理には欠かせない香菜シャンツァイを指す言葉で間違っているのはどれでしょう。

[A] ローリエ　[B] コリアンダー　[C] パクチー

答

Q92 中国料理

中国の卵料理は花の名前で形容することが少なくありません。その名称は次のどれでしょう。

[A] 葵花（ヒマワリの花）クェイホワ
[B] 蘭花（ランの花）ランホワ
[C] 桂花（キンモクセイの花）クェイホワ

答

1級模擬問題

Q93 中国料理 　　　　　　　　　　　　　　　　　　　答

中国料理では、よく水溶き片栗粉を使ってとろみをつけます。では、煮込み料理の場合、どのようにしてとろみをつけるとよいでしょう。
[A] とろみをつけてから長く煮る
[B] とろみをつけてひと煮立ちさせる
[C] グラグラと煮立っている中に水溶き片栗粉を入れる

Q94 中国料理 　　　　　　　　　　　　　　　　　　　答

中国の調理法で「凍（トン）」といわれるのは、どれでしょう。
[A] 冷たくした材料を和えること
[B] 冬に冷たい風で乾燥させること
[C] 寒天やゼラチンなどで冷やしかためること

Q95 中国料理 　　　　　　　　　　　　　　　　　　　答

「サツマイモの飴煮」などの調理法で、飴が粘って糸を引く状態を指す言葉はどれでしょう。
[A] 掛霜（グワシュワン）　[B] 蜜汁（ミーヂー）　[C] 抜絲（パースー）

Q96 中国料理 　　　　　　　　　　　　　　　　　　　答

中国の揚げ物では、衣にベーキングパウダーを加えることがあります。その方法で正しいものはどれでしょう。
[A] ベーキングパウダーを加え、しばらく休ませてから使う
[B] ベーキングパウダーを加え、混ぜたらすぐに使う
[C] ベーキングパウダーを水で溶き、しばらくしてから衣を作る

Q97 中国料理 　　　　　　　　　　　　　　　　　　　答

一般的に中国で寿宴（ショウイェン）といわれる祝宴の目的は何でしょう。
[A] 結婚を祝う　[B] 誕生を祝う　[C] 出世、栄転を祝う

Q98　中国料理　　　　　　　　　　　　　　　答

中国料理で炒め物を盛りつけるときの基本となる方法はどれでしょう。
［A］器（皿）の中央に料理を小高く盛りつける
［B］器（皿）全体に料理を広げて盛りつける
［C］器（皿）に空間をもたせて料理を盛りつける

Q99　中国料理　　　　　　　　　　　　　　　答

一般的な豆腐乳（腐乳）は、白いもの、赤いものに大別されます。赤いものを何というでしょう。
［A］紅糟（ホンザオ）　［B］腐竹（フゥヂュウ）　［C］南乳（ナンルゥ）

Q100　中国料理　　　　　　　　　　　　　　答

中国では箸のことを何というでしょう。
［A］叉子（チャーヅ）　［B］筷子（クワイヅ）　［C］匙子（チーヅ）

Q101　野菜　　　　　　　　　　　　　　　　答

ウドは東京を代表する伝統野菜となっていますが、次のうち主産地はどこでしょう。
［A］立川　［B］荒川　［C］浦安

Q102　野菜　　　　　　　　　　　　　　　　答

パセリの香気成分は次のどれでしょう。
［A］プロパンチオール　［B］アピオール　［C］シトロネラール

Q103　キノコ　　　　　　　　　　　　　　　答

輸入マツタケが増加していますが、全体的に大ぶりで色が白っぽいマツタケといえば、次のどれでしょう。
［A］モロッコ産マツタケ　［B］韓国産マツタケ　［C］カナダ産マツタケ

Q104 果物

日本で交配され、昔は「パイオニア」とも呼ばれていたブドウといえば次のどれでしょう。
[A] 巨峰　　[B] ネオ・マスカット　　[C] ピオーネ

答

Q105 果物

日本で栽培されている中国ナシの中で存在しないものはどれでしょう。
[A] 鴨梨　　[B] 龍梨　　[C] 慈梨

答

Q106 果物

次の中で渋柿とされるものはどれでしょう。
[A] 次郎　　[B] 西条　　[C] 富有

答

Q107 果物

果皮に毛がなく、油桃・椿桃ともいわれるモモは次のどれでしょう。
[A] 蟠桃（ばんとう）　　[B] ゴールデンピーチ　　[C] ネクタリン

答

Q108 果物

アメリカンチェリーの中で、レーニアは白肉種ですが、赤肉種は次のどれでしょう。
[A] ビッグ　　[B] ビーチェ　　[C] ビング

答

Q109 魚介

たたみいわしの原料とされるイワシは、次のどれでしょう。
[A] マイワシ　　[B] カタクチイワシ　　[C] ウルメイワシ

答

Q110 魚介 　　　　　　　　　　　答

アワビの説明で正しくないものはどれでしょう。
[A] アワビ類は巻き貝のミミガイ科に属する
[B] トコブシは小型のアワビ類である
[C] アワビは北海道以北で収穫される

Q111 魚介 　　　　　　　　　　　答

アカガイと同じ仲間でアカガイの缶詰にも用いられて、コアカとも呼ばれる貝は次のどれでしょう。
[A] ハイガイ　　[B] サルボウ　　[C] バカガイ

Q112 魚介 　　　　　　　　　　　答

ブリの仲間（同属）でないのは、次のどれでしょう。
[A] カンパチ　　[B] サワラ　　[C] ヒラマサ

Q113 魚介 　　　　　　　　　　　答

フグがもつ毒は何と呼ばれているでしょう。
[A] テトドブロムヘキシン　　[B] テトロイドキシン　　[C] テトロドトキシン

Q114 魚介 　　　　　　　　　　　答

ウニには食用となる生殖巣（卵巣あるいは精巣）はいくつあるでしょう。
[A] 1つ　　[B] 3つ　　[C] 5つ

Q115 魚介 　　　　　　　　　　　答

アナゴの幼生は何と呼ばれるでしょう。
[A] シラウオ　　[B] アングーラス　　[C] ノレソレ

Q116 魚介 [答]

孵化したウナギは成長するにつれ体色が変化し、それにともない名前も変わりますが、正しいのはどれでしょう。
[A] シラスウナギ→黄ウナギ→クロコ→銀ウナギ
[B] シラスウナギ→クロコ→黄ウナギ→銀ウナギ
[C] シラスウナギ→銀ウナギ→クロコ→黄ウナギ

Q117 魚介 [答]

ハモの成長速度について、正しいのはどれでしょう。
[A] 雌雄とも同じ　[B] 雄が早い　[C] 雌が早い

Q118 肉 [答]

黒毛和種は次のうちどれに該当するでしょう。
[A] 乳牛　[B] 交雑牛　[C] 和牛

Q119 加工品 [答]

日本では、生乳や牛乳から乳脂肪分以外の成分を除去したものをクリームと呼びますが、その乳脂肪分は何％以上でしょう。
[A] 15％　[B] 18％　[C] 23％

Q120 調味料 [答]

日本でケチャップといえばトマトですが、かつてイギリスでケチャップの原料としてよく使われていたものはどれでしょう。
[A] マッシュルーム　[B] マトン　[C] ビール

第2部

1級模擬問題の正解と解説

Q01 日本料理

江戸時代には原則として獣肉は食べてはいませんが、一部ではある名称で食べられていました。その名称とは次のうちどれでしょう。

[A] くすり喰い
[B] 下手物喰い
[C] けもの喰い

解説

日本においても縄文のころには狩猟採集の生活が中心でした。米が渡来した弥生時代でも鹿、猪のほか犬なども食用としていたようです。飛鳥時代になって仏教の普及にともない、天武天皇は675年に肉食禁止令をだして牛、馬、犬、鶏、猿に関しては食べることを禁じましたが、平安時代以降も獣肉を食べていたであろうことは、当時の献立や発掘調査などで明らかです。江戸時代になるとオランダ医学の普及もあり、獣肉を調理して提供する「ももんじ屋」※が登場しました。肉食が公には認められていないにもかかわらず、身体によいので「くすり喰い」と称して食べていたようです。獣肉ではないと言い表したい気持ちから、兎は鳥と同様に一羽二羽と数え、猪肉を山鯨や牡丹、馬肉を桜、鹿肉を紅葉(もみじ)と呼びました。これらの言い方は今でも残っています。牛肉については、黄門様として知られる徳川光圀が好物だったことや、幕末のころ彦根藩が将軍に牛肉の味噌漬けを献上していたことは有名です。明治時代の文明開化とともに、一般に肉食が盛んになったことは周知の事実です。

※ももんじ屋　獣肉料理店。江戸時代、尾のある獣や毛深い獣を「ももんじい」といったことからこのように呼んだ。

正解　A

Q02

日本料理

正月に「屠蘇（とそ）を祝う」などといいますが、この「屠蘇」とは何ですか。

[A] 日本酒をろ過しない濁り酒
[B] 清酒とみりんを混ぜた酒
[C] 生薬の成分を日本酒やみりんに移した酒

解説

　元旦に「屠蘇を祝う」習慣が薄れてきたのは残念ですが、この屠蘇とは何でしょう。正月の酒酔い状態のことを屠蘇気分といいますが、酒そのものを指す言葉ではありません。屠は「ほふる」と読み、打ち負かすの意、蘇は「よみがえる」。「屠蘇」は邪気を払って心身をよみがえらせる薬という意味で、正式には屠蘇延命散といい、中国の三国時代の名医、華佗（華陀）の処方とされます。一般的にはおけらの根、山椒の実、防風の根、桔梗（ききょう）の根、肉桂（にっけい）の樹皮、陳皮（ちんぴ）（みかんの皮）などを合わせた生薬を屠蘇散といい、これを酒やみりんに浸したものを屠蘇酒といいます。
　日本では平安時代にさまざまな年中行事ができ、中世を経て江戸時代の庶民に育まれた風習が現代にも残っています。平安時代の宮中では屠蘇だけでなく、白散（びゃくさん）、度嶂散（としょうさん）の3種類を飲んでいたようです。江戸時代になって庶民の間では屠蘇のみを用い、医者が薬代金の返礼として配るようになってから一般化したのでしょう。飲む順序は若年者からが正式とされますが、明治時代には家長から飲む習慣もできたようです。ちなみに中国では屠蘇の習慣はほぼ消滅しているようです。

正解 ☞ C

Q03 日本料理

「石麿に われ物申す 夏痩せに良しといふ物そ 鰻取り食せ」とは石麿(いはまろ)という痩せた人に「鰻は夏痩せにいいよ」とすすめた歌ですが、詠み人は誰ですか。

[A] 在原業平(ありわらのなりひら)
[B] 大伴家持(おおとものやかもち)
[C] 柿本人麻呂(かきのもとのひとまろ)

解説

　土用の丑の日といえば、日本中がこぞって鰻の蒲焼きに舌鼓をうつ習慣があります。江戸時代の博物学者、平賀源内が「本日土用の丑の日」という張り紙を書いたという逸話は有名ですが、そのほかにも蜀山人こと大田南畝(しょくさんじん　おおたなんぽ)が言いはじめたという説もあります。

　さて、土用とは何でしょう。立秋は暦の上で、この日から秋がはじまるという日ですが、この前約18日間を夏の土用といいます。同様に立春、立夏、立冬の前にもそれぞれ冬、春、秋の土用があります。土用の期間の各日が、十二支でいう何の日かを調べると土用の期間の丑の日、すなわち「土用の丑の日」が分かります。巡り合わせでは丑の日が2日存在する年もあり、この場合は一の丑、二の丑と呼びます。ただ、一の丑で繁盛した鰻屋も二の丑では2匹目の「どじょう」ならぬ「鰻」とはいかないようです。

　江戸時代よりもはるかに古い時代、暑さの厳しい夏、食欲が減退する夏痩せの時期には鰻がよいといっている歌があります。それが問題文中にある大伴家持が石麿に対して作った歌ですが、医学や栄養学の知識が乏しかった万葉時代の人間の聡明さには敬服します。

正解 ☞ **B**

Q04 日本料理

焼き魚や焼き鳥には炭火が一番といわれます。中でも「紀州備長炭」に代表される備長炭はあまりにも有名ですが、次のうち備長炭でないのはどれですか。

[A] 菊炭（きくずみ）
[B] 堅炭（かたずみ）
[C] 白炭（しろずみ）

解説

　鰻屋や焼き鳥屋の店頭に「紀州備長炭使用店」と書いた看板を見かけますが、備長炭とは何でしょう。

　江戸時代、紀州藩の炭問屋である備中屋長左衛門の屋号と名からつけたとされるもので、優秀なその炭はまたたく間に評判となり、有名になったそうです。原材料はウバメガシを用いて窯で蒸し焼きにし、炭化した段階で外に取り出し、灰で覆って消火するため表面は白くなるので「白炭」といい、また、中心部に隙間がなく、簡単には割れないほどかたいので「堅炭」とも呼ばれます。

　現在ではアオガシ、ナラなども材料にしてさまざまな白炭（堅炭）が作られています。紀州だけでなく土佐備長炭、兵庫白炭、秋田木炭などのほか、中国産もあります。これらの炭は火持ちが長く、安定した温度で食材の表面がカリッと焼き上がるのが特徴です。また、消臭、脱臭、除湿の働きもあります。

　そのほか、ナラやクヌギを窯で炭化させ、そのまま密閉して消火するので全体が黒く仕上がる黒炭があります。木材によっては、切り口が菊の花状に見えるので「菊炭」と呼ばれます。

正解 ☞ A

Q05 日本料理

正月のおせち料理や祝いの席で用いる、柳製で両端が細くなっている箸がありますが、両端が使えるようになっている理由はどれですか。

[A] 動物性、植物性の料理で使い分ける
[B] 汁気の多い料理とそうでない料理で使い分ける
[C] 神とともに食べることを意味する

解説

日ごろは個人持ちの箸で食事をする日本人でも、いざ正月の雑煮やおせち料理となると、決まって両端が細くて弾力があり、折れにくい丸い柳箸を使います。これを祝い箸、雑煮箸、孕（はら）み箸などといいます。

年の内に神前に供えた食い積み（食材）を元旦に調理し、年神様と食事をともにする儀式である直会（なおらい）に供する料理をおせち料理といいます。祝い箸が両方使えるようになっているのは、一方は人間、一方は神様用として無病息災を願う大切な意味があります。箸の語源には諸説ありますが、鳥の「くちばし」のように摘まんで口に運ぶので「はし」になったという説が有力です。

たった2本の棒ですが摘まみ、はさみ、すくい、割る、運ぶなどの作業をこなす素晴らしい道具です。自分の手に適した箸は、めいっぱい広げた親指の先から中指の先までの長さの1.5倍とされます。

杉箸を乾いたままで使用すると、醤油などの味や色が箸先に染み込み、また、唇や手にもなじみにくいので、料理屋では水で湿らせてだすことがあります。これは、お客さまに対する店側の心遣いであると知っておきましょう。

正解 ☞ C

Q06 日本料理

その昔、今の福井県・若狭から京都まで、ある魚を運んだことから名づけられた道がありますが、それはどれですか。

[A] ぶり街道
[B] さば街道
[C] ぐじ街道

解説

　昔の京都は生鮮食品が乏しい地域だったので、大阪から河川を利用して運んでいましたが、今の福井県若狭地方からも険しい山道を背負子や天秤棒を使って海産物を運んでいました。塩をした鯖、ぐじ（赤甘鯛）が代表で、これらを運んだ道を「さば街道」と呼び、現在でも鯖料理が随所に見られる観光コースとして有名です。「京は遠ても十八里」と唄いながら寝ずに歩いたそうですが、重く、苦しい行程であったと想像できます。そのおかげで「鯖寿司」、「ぐじ若狭焼き」、「昆布〆」が京料理の代表になっているといえるでしょう。
　このほか、里芋と棒状に乾燥した鱈を煮込んだ「芋棒」、身欠き鰊とそばを合わせた「鰊そば」など乾物を工夫して調理するのも京料理の原点です。現在の関西料理は工夫の京料理と鮮度勝負の大阪料理（魚庭料理）のコラボレーションといえるでしょう。
　さば街道と同様に現在の富山湾から岐阜の飛騨を経て信州松本に塩鰤を運んだ「ぶり街道」と称する道もありました。雪深い道を1週間もかけて正月の年取り魚を運んだこともあり、値段は浜値の数倍にもなったそうです。

正解 ☞ B

Q07 日本料理

細切りのさつま芋を衣に用いた揚げ物にふさわしくない名称はどれですか。

[A] 蓑(みの)揚げ
[B] 丹波揚げ
[C] 丸十揚げ

解説

日本料理の揚げ物は大きく4種類に分けられます。天ぷらに代表される衣揚げ、素材をそのまま揚げる素揚げ、乾いたデンプンをまぶしつけたから揚げ、材料に下味をつけたり、おかき、春雨、海苔、コーンフレークなどの乾物や銀杏(ぎんなん)、青紫蘇、じゃが芋などを衣にしたりする変わり揚げです。

「丹波揚げ」というのは変わり揚げの一種で京都府と兵庫県にまたがる丹波地方特産の栗、黒豆、山の芋などを衣に用いた揚げ物につける名です。「蓑揚げ」は細切りの材料を衣にして揚げたもので、その様子が茅(かや)や菅(すげ)を編んで作った雨具である蓑に似ているところからの名前です。「丸十揚げ」は、さつま芋を材料や衣に用いた揚げ物につけられる名称ですが、これは薩摩藩を治めていた島津家の家紋が丸に十の字であったところに由来します。

ほかにも衣の材料によって名称が変わり、そばをつけると信州揚げ、海苔や若布をつけると磯辺揚げ、胡麻なら南部揚げ、卵黄なら菜種揚げ、花かつおでは土佐揚げといいます。

これらの揚げ物の多くは歯ごたえや香りを味わうものなので、シンプルに塩で味わいたいものです。

正解 ☞ **B**

Q08

日本料理

魚の締め方で脊椎（せきつい）や尾のつけ根に包丁目を入れ、冷水に落として血を一気に抜く締め方を何といいますか。

[A] 野締め
[B] 活け締め
[C] 一丁締め

解説

　魚の締め方には、野締めと活け締めがあります。野締めとは、とれた魚をそのまま放置するという意味ですが、一般的には、氷で覆ったり、氷水に浸したりして締める方法です。一方、活け締めというのは、脊椎や尾のつけ根に包丁目を入れ、切り口の血液が凝固しないように冷水に落として一気に血を抜く締め方です。こうすると、体内に血が回って身の色が変わったり、身ににおいがついたりするのが防げます。さらに尾側の切り口の中骨の中心部に、頭部に向かって金串を差し込み、神経をつぶすことで、より効果を上げる方法もあります。

　締めてから数時間に限っては、身の鮮度が落ちにくく生きた魚の状態を維持できるので、刺身や寿司の材料として用いられることが多いです。一般的に、天然の鯵、鯖、鯛、平目など中型までの魚は、締めてから数時間たったころが旨さの頂点といわれますが、河豚（ふぐ）は締めた直後は身がかたく、薄造りもできないので約1日おいたものが、また、鮪や鰤などの繊維のかたい大型魚は、締めてから2〜4日くらいおいたものが、それぞれ一番の食べごろとされます。

正解 ☞ **B**

Q09 日本料理

木の芽和えは春らしい料理で香りがよいのが特徴ですが、木の芽の色をより鮮やかに見せるために、一般的に加えるものはどれですか。

[A] 灰汁（あく）
[B] にがり
[C] 青寄せ

解説

青寄せとは、ほうれん草、小松菜、大根の葉など緑色の濃い葉を細かくすりつぶし、水を加えて裏漉しした青い汁を加熱し、表面に浮かび上がった緑色のペースト状のもののことです。通常は、木の芽和えの味噌や豌豆のすり流し吸い物などの色を、より濃くしたいときに加えます。そのほか、手打ち麺に緑色をつけたい場合や、豌豆豆腐やおろし胡瓜の緑色を鮮やかに見せたりするときにも用います。このように、風味を変えずに緑色を濃くしたい場合に用いるのが青寄せです。

春らしい彩りを求める場合、白味噌に緑色をつけたいなら、抹茶や、豌豆の粉であるうぐいす粉を用いてもよいでしょう。ただ、これらの食材は風味が強いので、木の芽和えに用いると木の芽の香りを打ち消す恐れがあるので使用できません。

灰汁とは木やわらの灰に水を加えた液体の上澄みのことで、炭酸、アルカリ成分などを含み、山菜などがもつ渋味やえぐ味などを抜き取ったり、鍋やシンクの汚れを洗い落としたりするのに用います。また、にがりは豆腐の凝固剤として広く用いられています。

正解 ☞ C

Q10 日本料理

主に古漬けの漬物を薄く、あるいは細かく刻み、塩出しをして盛りつける漬物を何といいますか。

- [A] 覚弥（かくや）
- [B] おぼろ
- [C] 沼田（ぬた）

解説

　炊きたての白いご飯に欠かせないのが味噌汁などの汁物と漬物です。漬物は香の物、香々、新香など「香」の字を当てる名があるように香りよく、塩で引き締めた歯ごたえが身上です。「たくあん漬け」は一番有名な漬物でしょう。語源は保存目的の「貯え」とか、沢庵和尚にかかわりがあるなどといわれます。

　漬物の提供方法で「覚弥」とか「覚弥の香々」というのがあります。徳川家康付きの料理人「岩下覚弥」がはじめたからとか、高野山で隔夜堂（かくやどう）を守る僧侶に供した漬物を「隔夜」といったからなどの説があります。本来は古漬けの漬物を細かく刻んで水で洗い、強い塩気と酸味を抜いて醤油で味を調えたものですが、今では「覚弥切り」などといい、刻んだ漬物全般を指します。

　「おぼろ」は「朧」と書き、ぼんやり、ほんのりなどの意味があります。料理では、おぼろ昆布、おぼろ豆腐などのほか、鯛などの身をふわふわ状態に煎りつけた「でんぶ」や、ごくやわらかい茶碗蒸しなどによく「おぼろ」と名をつけます。また、「ぬた」は芥子酢味噌などの味噌衣で和えた料理のことで、ぬかるんだ沼や田にとろりとした状態が似ているので「沼田」と書くことが多いです。

正解 → **A**

Q11 日本料理

懐石の「八寸」の前にだされる吸い物でないのはどれでしょう。

[A] 湯吸い物
[B] 箸洗い吸い物
[C] 座付き吸い物

解説

懐石とは茶会でもてなすための料理を指します。提供する場合の基本は一汁三菜の味噌汁、向付け、煮物椀、焼き物ですが、通常は「預け鉢」「進め鉢」と称する料理が続きます。次に吸い物がだされますが、これは今までの料理の後味を洗い流し、次の「八寸」を新たな口で味わわせる目的があります。この吸い物は椀がごく小さく、量も少ないので「小吸い物」、味がすこぶる薄いので「湯吸い物」、そこまで使った箸先を洗う目的もあるので「箸洗い吸い物」などの名称があります。八寸の後は湯桶と香の物で懐石の締めとします。

さて、「八寸」とは変わった名前の料理ですが、現代風にいうと「約25cm」とでもいうのでしょうか。酒肴を盛りつけた器が白木をはいだ盆状で、寸法が八寸四角であることからの名称です。酒肴を2種類（時として3種類）盛りつけて供します。会席料理の場合でも趣向を凝らした器に酒肴を数種盛り合わせ、「八寸」、「口取り肴」、「組肴」などと称して組み込みます。

座付き吸い物とは、会席料理において先付けや前菜に続いてだされる椀物をいいますが、お客が座席に着いた直後にだされるのでこの名があります。

正解 ☞ **C**

Q12

日本料理

椀物の吸い口の別名でないのはどれですか。

[A] 皇頭
[B] 鶴頭
[C] 香頭

解説

　日本料理で「椀刺（わんさし）」という言葉があります。これは、数多くの料理が順番に出てくる会席料理の中でメインにあたるのが、すべての料理の土台であるだし汁を味わわせる「椀」と、材料の鮮度と包丁技術の冴えをみせる「刺身」であるという意味です。

　椀の中身には4種類のものがそれぞれの役割をもって盛り込まれます。まず、中心に座るのは「椀種」とか「椀子」といわれる主材料で、魚介類をはじめ、あらゆる材料が使われます。次にその付け合わせとして野菜類が添えられますが、これらは「椀づま」と呼ばれ、口直しであるとともに青みを添える役割があります。そして吸い物味に調味し

ただし汁を張りますが、これを「吸い地」といいます。最後に香りを添え、少しの刺激を与え、季節を表現する役割の「吸い口」を添えて椀の完成です。

　さて、吸い口は別名、香頭、鶴頭、鴨頭（いずれも「こうとう」）という語で表すことがあります。吸い口の代表である柚子の皮を丸形にスッとむいたものが香りよく、鶴の頭頂部に似ているからでしょうか。吸い口は名の通り、椀の縁においておき、吸い地を吸うとともに香りを楽しむのが本来の使い方です。

正解 ☞ **A**

Q13　日本料理

椀物の仕立て方に吉野仕立てというのがありますが、同じ要領で仕立てないのは次のうちどれですか。

[A] 丸仕立て
[B] 薄葛(うすくず)仕立て
[C] すり流し仕立て

解説

　椀物の仕立て方にはさまざまな種類があります。単に吸い物とかすまし吸い物と呼んでいるのは、「清汁仕立て(せいしゅ)」といって、基本的には、昆布とかつお節のだし汁である一番だしに少しの塩と醤油で調味した椀物のことです。味噌を用いた仕立て方は「味噌仕立て」といいます。「潮仕立て」の潮とは海水のことで、水あるいは昆布だしに生魚の身やアラのほか貝類、甲殻類を加えて煮出しただし汁に、塩のみで調味した椀物を指します。「丸吸い物」といえば材料にすっぽんを用いた椀物のことで、すっぽんの甲羅に丸みがあるところからの名前です。しかし、鶏肉や魚を用いても、すっぽんを用いたときと同じ作り方をしたなら、「すっぽん仕立て」や「丸仕立て」といいます。この場合、酒を多く用い、醤油味を強くし、吸い口には葱(ねぎ)と土生姜を用いるのが特徴です。

　「薄葛仕立て」とは吸い地に水溶き葛粉を加えて薄い濃度をつけたものですが、葛粉の産地として有名な奈良県の吉野地方になぞらえて「吉野仕立て」ともいいます。また、吸い地に魚介類の身や野菜を細かくすりつぶしたものを加え、吉野仕立て同様に濃度をつけたものは「すり流し仕立て」といいます。

正解　☞　**A**

Q14

日本料理

洗いの手法で調理する造りは次のうちどれですか。

[A] 鯛皮霜造り（かわしも）
[B] 鮎背越し造り（あゆ）
[C] 鱧ちり造り（はも）

解説

　刺身を切ることは「切る」とはいわず「造（作）る」あるいは「引く」と表現し、料理名では「〜造り」と表すことが一般的です。平造り、薄造り、そぎ（へぎ）造り、細造りなど代表的なものは単に包丁で切るという行為だけで完成するのですが、中には冷水で洗ったり、加熱したりする方法もあります。

　「洗い造り」や「洗い」というのは文字通り、造り身（切り身）を冷水で洗って余分な脂分やクセを除き、魚の筋肉を収縮させて歯ごたえよく、冷たくして食べる造りです。代表的な魚は鱸（すずき）、鯛、鰤などの海水魚のほか、鯉（こい）、鮒（ふな）、鮎などの淡水魚です。中でも鮎を骨つき、皮つきのまま薄く輪切りにした「鮎背越し造り」は香り高い夏の造りの代表です。

　一方、加熱することで旨味を引き出すものには、皮目を香ばしく焼く「鰹（かつお）のたたき造り」、鯛などの白身魚の皮目に熱湯をかける「皮霜造り」があります。また、骨切りをした鱧や、白身魚のそぎ身をさっと熱湯にくぐらせ、氷水で締めた「ちり造り」は、身がちりちりと縮んだ様子に由来する名称です。

正解 ☞ B

Q15 日本料理

料理名には地名に由来するものがありますが、次のうち地名にかかわりのないものはどれですか。

[A] 八幡巻き
[B] 鞍馬煮
[C] 花巻そば

解説

料理に名前をつけるには、決定的な約束ごとはありません。しかし長年使われてきたために、一般に広まっているものもあります。地名では、現在の京都府八幡が旨い牛蒡の産地であったところから牛蒡を芯に鰻を巻きつけて焼いたものを「八幡巻き」といい、京都の鞍馬や兵庫の有馬一帯で産する山椒を加えて煮たものを「鞍馬煮」または「有馬山椒煮」といいます。ほかにも竜田揚げ、若狭焼き、吉野煮、薩摩揚げ、船場汁、佃煮などが有名です。また、人物名からは三平汁、幽庵（祐庵）焼き、利休和え、儀助煮など、器具や道具からは、すき焼き、鍬焼き、焙烙焼き、杉板焼き、土瓶蒸し、でき上がりの形態からは、かぶと蒸し、具足煮、博多煮などがあります。ほかに、使用した材料や味をつけた調味料から名づけられるものも多くあります。

「花巻そば」は文豪、宮沢賢治の生誕の地である岩手県花巻が語源と思われるかもしれませんが、花は「磯の花」こと浅草海苔のことで、「撒く」が転じて「巻き」になったとされます。細かく揉んだ浅草海苔をかけそばに加えたもので、おろし山葵のみを薬味とするのが粋な食べ方といわれます。

正解 C

Q16 日本料理

次の煮物の名称と使用する材料の組み合わせで、間違っているのはどれですか。

[A] 瑠璃煮……茄子
[B] 翡翠煮……独活
[C] 栂尾煮……さつま芋

解説

料理名にはでき上がりの色が由来となっているものがあります。大根、蕪、里芋、蓮根、長芋、独活、白ずいきなどの色の白い野菜を、塩や白醤油で色をつけずに調味したものを白煮といい、おろした大根、豆腐、白菜を取り合わせた鍋物は色の白さにちなんで雪鍋といいます。蕗、ほうれん草、菊菜、きぬさやなどの青物野菜の色を残して煮ると青煮といいますが、同じ緑色でも豌豆、空豆、新銀杏などは宝石の翡翠に色が似ているとして「翡翠煮」と呼ぶこともあります。茄子はその美しい皮の色を生かして煮ると、七宝のひとつである瑠璃のような色に上がるので「瑠璃煮」、白い野菜や豆腐などを醤油色に煮上げたものを琥珀煮や鼈甲煮といいます。

さつま芋を皮つきのままで適当な大きさに切り、乾燥したくちなしの実を加えた水でゆでると果肉が鮮やかな黄色になります。これをシロップで甘煮にしたものなどに「栂尾煮」という名前をつけます。さつま芋の皮の赤い色と果肉の黄色を、栂尾※の秋景色に見立てた表現です。

※栂尾　京都嵐山の北に位置する高尾(雄)、槙(槇)尾(まきのお)と並んで紅葉の名所である三尾(さんび)のひとつ。

正解　B

Q17 日本料理

次の蒸し物で湯葉を用いたものはどれですか。

[A] 道明寺蒸し
[B] 東寺蒸し
[C] 南禅寺蒸し

解説

　材料や調味料から料理名がつけられるものも多くあります。焼き物では、卵黄を塗れば黄身焼き、木の芽をふりかければ木の芽焼き、味噌を使えば味噌焼きや田楽などといいます。煮物では味噌煮、生姜煮、おろし煮、蜜煮など挙げればきりがありません。

　蒸し物ではかぶら蒸し、とろろ蒸し、蓮根蒸しなど材料そのものが名前であるかと思えば、東寺、道明寺、南禅寺など寺の名前が料理名に絡むものもあります。東寺とは京都市の南に位置する弘法大師空海ゆかりの寺として有名ですが、蒸し物では湯葉を用いたものを「東寺蒸し」と呼びます。道明寺は大阪の藤井寺市にある尼寺のことで、糯米（もちごめ）を蒸して乾燥させ、細かく割った糒（ほしい）を作り出した場所であることから、糒のことを道明寺粉といい、これを用いた蒸し物を「道明寺蒸し」といいます。関西風桜餅の皮に使われている材料といえば分かりやすいでしょうか。

　3番目の京都南禅寺の界隈（かいわい）は湯豆腐であまりにも有名ですが、「南禅寺蒸し」とは、茶碗蒸しの卵生地に裏漉しした豆腐を加えて蒸し上げ、葛あんをかけたものをいいます。

正解　B

Q18 日本料理

「共わた酢和え」として正しいのは次のうちどれですか。

[A] 蒸した鮑（あわび）の身を、三杯酢と鮑のわた（肝）を合わせた酢で和えたもの。
[B] 昆布締めの鯛の身を、ポン酢とあん肝を合わせた酢で和えたもの。
[C] 生海老の身を、黄身酢と蟹みそを合わせた酢で和えたもの。

解説

酢の物は口直しにもよく、清涼感もあるので会席料理ではご飯の前に提供することが多いですが、心地よい酸味が食欲増進にもなるので、先付け、前菜としても登場します。二杯酢、三杯酢、生姜酢などはなじみ深い合わせ酢ですが、魚介類のわた（肝）を加えたわた酢（肝酢）は旨味やコクが豊かな合わせ酢です。中でも鮑のわたはクセもしつこい脂気もないので、そのまま塩ゆでして裏漉しし、三杯酢や黄身酢などに加えるとおいしいわた酢ができます。この鮑のわた酢で鮑の身を和えたものを「共わた酢和え」とか「共肝酢和え」といいます。ほかにも鯛の身を鯛の肝酢で和えたり、鮟鱇（あんこう）の身をあん肝酢で和えたりしても「共わた酢和え」といいますが、身を同じ種類でないわた酢や肝酢で和えたものは「共わた」とは表現できません。

魚介類の中で肝といえば、やはり鮟鱇でしょう。鮟鱇の七つ道具と称して賞味されているものは肝、とも（尾ヒレ）、ぬの（卵巣）、えら、水袋（胃）、やなぎ肉（頬肉や身肉）、皮があります。肝は海のフォワ・グラといわれるように適度な脂肪分となめらかな口あたりが絶妙のバランスです。

正解 ☞ A

Q19 日本料理

次の料理のうち、精進料理でないのはどれですか。

[A] 饗応膳料理(きょうおうぜん)
[B] 普茶料理(ふちゃ)
[C] 黄檗料理(おうばく)

解説

　平安時代は年中行事や食事の様式が定められ、ケ（日常）の料理とは別にハレ（非日常）の料理を盛り込んだ膳を配置した宴が貴族の間では盛んに行われました。この料理を饗応膳料理といい、蒸し鮑や鮭などの干物のほか、鯉、鱸などの生ものも用いられ、盛りつける器もさまざまで、品数の多い豪華なものでした。大陸では古くから精進料理は存在していたようですが、日本では鎌倉時代になって盛んになりました。精進料理とは、もとは粗末な食事のことを指していたようですが、仏教における解釈では、動物性の食品を用いず、植物性食品のみの料理を指し、今では一般的にこれを精進料理といいます。

　日本の精進料理には、曹洞宗(そうとう)の道元(どうげん)禅師が禅寺に伝えた「永平寺流(えいへいじ)」と、江戸時代に隠元(いんげん)禅師が伝えた黄檗宗が宇治ではじめたとされる「黄檗料理(おうばく)」の2系統があります。後者は煎茶を普及させるための料理という意味で「普茶料理(ふちゃ)」ともいわれます。「黄檗料理」「普茶料理」は大皿で提供することが多く、料理法も胡麻油などを用いた中国風のものが主流で、植物性材料で肉や魚料理に見せる「もどき料理」も特徴です。

正解 ☞ A

Q20

日本料理

次の菓子のうち、南蛮菓子として日本に伝えられたものはどれですか。

[A] 外郎（ういろう）
[B] 有平糖（あるへいとう）
[C] 羊羹

解説

　菓子とは本来、果物や木の実を指す言葉でした。現在ではさまざまな食材で作る和菓子、洋菓子、中国菓子などがあります。日本ではキリスト教の伝来と同じころポルトガルやスペインなどから南蛮人が伝えた菓子を南蛮菓子と呼んで珍重し、当時の権力者に献上されました。有名なカステラをはじめ、粟や芥子粒に糖蜜をかけながら回転釜で作る金平糖、ポルトガルのテルセイラ島に今でも残る砂糖菓子アルフェニンが原形とされる「有平糖」、ビスカウト（ビスケット）、ボーロ、タルトなどがあります。中国からも菓子は伝わりましたが、代表的なのは「羊羹」でしょう。もとは羊肉を煮込んだ熱い汁物の羹（あつもの）のことで、冷めるとゼラチン質がかたまった状態になりました。これに似せて、室町時代ごろに禅僧が精進材料の小豆やデンプンを合わせて蒸して作ったのが、寒天で作る今の羊羹の原形です。また、米粉に黒砂糖などを加えた蒸し菓子の「外郎」も中国から伝わったもので、外郎と呼ばれる痰（たん）切り薬に色や形が似ているとか、その薬を飲んだ口直しで食べたので菓子そのものも「外郎」と書くようになったなどの説があります。

正解 ☞ **B**

Q21 日本料理

日本料理の基本形でない盛り方はどれですか。

[A] 波盛り・山盛り・里盛り
[B] 杉盛り・俵盛り・混ぜ盛り
[C] 重ね盛り・平盛り・寄せ盛り

解説

　原則として日本では器を手に持って食べますが、配膳の都合もあり、器は比較的小型です。この器に美しく機能的に盛りつけるには、七つの基本の盛りつけ方法があります。細造りの身や和え物をこんもりと山高に盛ることを規則正しい杉の枝ぶりに見立てた「杉盛り」、米俵を積み上げるように同じ大きさの料理を規則正しく盛り上げる「俵盛り」、筑前煮のような不定形で多数の食材を彩りや形の変化を考慮してこんもりした形に盛る「混ぜ盛り」、切り身の焼き魚のように厚みや大きさの違う料理をバランスよく2〜3段程度に盛り上げる「重ね盛り」、大勢で取り分ける場合には、見やすく、とりやすいことを考慮して大皿に比較的平らに盛る「平盛り」、数種類の煮物などを盛る場合には、大きいものを奥にして手前に向かって順に添わせるように盛る「寄せ盛り」、そして、材料、形、調理法が異なる酒肴などを彩りよく盛る「散らし盛り」です。

　しかし料理は時代とともに嗜好の変化、新しい食材や調理法の登場、器デザインの進化などもあるので、最終的には基本をもとに個人の感性やアイデアを盛り込んで行うのがよいでしょう。

正解　A

Q22 日本料理

日本料理の器で漆器(しっき)は代表的なものですが、次のうち漆(うるし)細工の手法でないのはどれですか。

[A] 蒔絵(まきえ)
[B] 螺鈿(らでん)
[C] 金襴手(きんらんで)

解説

　日本料理の器は他国の料理には類がないほど多数あります。陶磁器をはじめ竹、ガラス、白木、金属、貝殻、石類、木の葉類、そして木地や竹材に漆の樹液を塗り重ねた漆器があります。漆そのものは丈夫で防水性があるので、古くは鎧(よろい)や船底の塗料として用いられていました。もとの技術は中国から伝承されたのですが、会津、輪島、山中、越前、京などの各地に広がって技術を重ね、漆器は日本を代表する製品になり、英語では「japan」と表されます。

　その技法はいくつかありますが、まず「蒔絵」は漆で描いた模様が乾かないうちに金粉を蒔(ま)いたり、金箔を付着させたりして絵柄を表すものです。「螺鈿」とは夜光貝、鮑などの真珠色の貝殻部分を切りとって漆器に埋め込んだものです。そのほか、色つけした漆で絵を描いた「漆絵」や、刃物で彫るように描いた模様に金粉や金箔を埋め込んだ「沈金(ちんきん)」などが有名です。

　「金襴手」とは陶磁器の技法のひとつで、金糸を織り込んだ織物の金襴に由来する名です。色彩豊かに模様を描いて焼き上げた陶磁器の「錦手(にしきで)」に、金箔や膠に金粉を混ぜた金泥(きんでい)で模様をつけたものをいいます。

正解　C

Q23 日本料理

日本料理では盛りつけの際、木の葉や小枝を添えたり敷いたりしますが、これを何といいますか。

[A] そえしき
[B] かいしき
[C] したしき

解説

　日本料理は盛りつけた料理に季節感を表現することを大きな特徴とします。これにはいくつかの方法がありますが、季節の食材を用いることはもとより、器も季節の演出に大きな役割を担います。そして、料理に何げなく添えられた木の葉、小枝、花などの「かいしき」と称するものが、意外に季節を印象づけます。楓(かえで)を例に挙げると、春から初夏のころには淡い緑で新緑の山々を連想させ、盛夏には青々とした濃い緑で清涼感をだし、秋本番ともなれば紅葉して黄色から真紅へ変化して柿の葉や銀杏(いちょう)とともに秋の移ろいを演出します。

　また松葉、笹葉、梅花とそろえば祝儀を表し、寿司に見られる飾り切りの葉蘭(はらん)や笹葉は彩りだけでなく消臭や防腐効果もあるようです。桜の花には一番の華やかさと安らぎを求め、菖蒲(しょうぶ)は尚武(しょうぶ)に通じるところから力強さや厄よけを望み、南天には難を転じることを願い、梶の葉には技芸向上の思いを込めるなどの意味合いがあります。

　ただ、用いる葉や花によってはにおいや苦味が発生したり、肌が荒れたりすることがあるので注意が必要です。植物のかいしきは「青かいしき」、敷き紙は「紙かいしき」といって区別します。

正解 ☞ **B**

Q24

日本料理

日本料理では涼感をだすためにガラス器を用いますが、次のうちガラス器のことを表していない言葉はどれですか。

[A] ボヘミア
[B] ギヤマン
[C] チャイナ

解説

　日本料理はいろいろな素材の器を駆使して料理を盛りつけることはご存じの通りですが、夏の暑い時期には冷たい料理を組み込んで、見た目の変化や口あたりを考慮することも大切にします。その意味でも、ガラス器は透明感やカットの肌合いが清涼感を演出してくれるので重宝されます。ガラス器は室町から江戸時代にかけて普及していきましたが、ガラスの語源はオランダ語です。別名である「ギヤマン」というのもオランダ語が語源とされ、ガラス器にカット模様を入れるダイヤモンド（金剛石）をギヤマンといったのが、いつしかガラス器そのものを指すようになり、「義山」などの当て字で表すようになりました。「ボヘミア」とはガラス製造が盛んなチェコの中心地で、ボヘミアガラスやボヘミアクリスタルの名で通っています。一方、カットガラスのことを日本では切子とも呼び、江戸切子や薩摩切子が有名です。繊細な切子や金や銀を施したデザインの高級品もいいのですが、琉球ガラスのように内部に無数の泡が見えるものは素朴で自然の感じがあって面白いものです。また、「チャイナ（china）」とは英語で陶磁器のことを指します。

正解　C

Q25 日本料理

次のうち助六寿司に関係のない寿司はどれですか。

[A] 太巻き寿司
[B] 稲荷寿司
[C] 箱寿司

解説

　歌舞伎十八番の演目に「助六所縁江戸桜」というのがありますが、これは通称「助六」といわれます。主人公の花川戸助六に恋人の花魁揚巻を絡ませた吉原が舞台の物語ですが、この花魁の名前を寿司に取り込んだのが「助六寿司」です。揚げで作った「稲荷寿司」と、文字通りの「巻き寿司」の2つを盛り合わせたもので、「揚巻」の相手である助六の名前を洒落てつけたことがはじまりです。油揚げで包んだ寿司を稲荷寿司と呼ぶのは、稲荷信仰に縁のある狐の好物が油揚げであるとの説が一般的で、信太寿司や篠田寿司の名もあります。巻き寿司といえば2月の節分に恵方（その年の歳徳神のいる方向）に向かって丸かじりをするのが全国的な行事になっています。由来については諸説あるようですが、昭和初期に大阪の寿司組合がはじめたという説、1970年代に海苔の販促を願って道頓堀界隈で行った巻き寿司の早喰い大会が火つけになったという説などがあります。

　「箱寿司」とは箱形の枠で押して作る寿司のことで、大阪寿司として有名ですが、酢締め、焼き物、卵焼きなど、醤油なしで食べられる味つき材料を用いるのが特徴です。

正解　C

Q26

日本料理

次のうち、葛粉、寒天、ゼラチンで冷やしかためた料理でないのはどれですか。

[A] 胡麻豆腐
[B] 滝川豆腐
[C] 擬製豆腐

解説

　日本料理の調理法の中に練り物や寄せ物というものがあります。両者はかためるという調理操作が共通しているので明確には区別しにくいのですが、一般的に練り物とは調理の過程で水分を加えたデンプン類を加熱しながら練る操作があるものを指し、寄せ物はゼラチンや寒天がもつ凝固性を利用しているものをいいます。いずれも口あたりがやわらかく、なめらかで、しかも冷たさを味わえる料理です。

　「胡麻豆腐」は練り物では一番有名で、油がにじむほど細かくすった胡麻に、水と葛粉やわらび粉などのデンプンを加えて練り上げ、冷やしかためます。仕上がりがなめらかな豆腐に似ているのでこの名があります。「滝川豆腐」は寄せ物のひとつで、豆乳にだし汁や水を加え、寒天やゼラチンで冷やしかためて心太突き（ところてん）を使って細い棒状に押し出し、滝川の流れに似せた料理です。

　「擬製豆腐」は豆腐を細かくつぶしたり裏漉ししたりして、卵や野菜類を混ぜて厚焼き卵のようにし、油で焼いた料理です。豆腐料理のひとつとして、小さく切って前菜や八寸の中の一品に用いることもあります。

正解 ☞ **C**

Q27　日本料理

造りのつけ醤油で土佐醤油というのがありますが、どのような醤油ですか。

[A] かつお節の旨味を加えた醤油
[B] 昆布の旨味を加えた醤油
[C] 濃口醤油にたまり醤油を加えた醤油

解説

　造り（刺身）には主材料の造り身のほかに、「つま」と称する付け合わせの野菜と「薬味」、それに調味料の「つけ醤油」がついています。それぞれに役割があって、つまは彩りだけでなく、口に残る魚特有のクセを除く働きがあります。薬味はおろし山葵（わさび）に代表されるように辛味と香りを添える重要な役割があります。多くの造りは醤油で食べますが、これは醤油のもつ適度な塩分、香り、旨味が造り身のクセを除き、味を一層引き立てる働きがあるからです。魚や造り方の種類によっては酢味噌、ポン酢、生姜酢、梅肉などで味わうのも楽しいものです。料理屋で用いるつけ醤油には醤油に酒、みりんなどを混ぜるだけでなく、かつお節の旨味を加えた「土佐醤油」が使われることが多いです。土佐酢、土佐煮など、かつお節を使った料理にその産地である「土佐」という名をつけます。同じように昆布を使ったものには、北海道の地名である「松前」を冠して松前寿司、松前漬けなどといいます。また、たまり醤油は小麦を使わず大豆のみで熟成させた醤油です。色も味も濃く、少し甘味があるのが特徴で、愛知県、岐阜県、三重県が主産地です。

正解　☞　**A**

Q28 日本料理

江戸時代、茶飯に豆腐汁や煮豆などをつけてだした一膳飯を何といいますか。

[A] 浪花茶飯
[B] 奈良茶飯
[C] 江戸茶飯

解説

江戸時代の初期には簡単な煮物を売り歩く商売が出現し、後には惣菜、飯、酒を売る「煮売り屋」、「燗酒屋」、「掛け酒屋」といった店ができ、定食屋や居酒屋のもとになったとされます。また、そば、うどん、飯、酒などを盛り切りで売る「慳貪屋」も登場しましたが、「けんどん」とは愛想のない、つっけんどんな商売の仕方からついたともいわれます。ここで用いた鉢を「慳貪振」といったのが「丼鉢」の語源という説があります。また、天ぷら、鰻、田楽、にぎり寿司などの屋台も多く登場しました。

川崎宿の「万年屋」という茶屋が「奈良茶飯」をだすことで有名だったようです。もとは奈良の東大寺や興福寺で僧侶たちが食べていたもので、大豆、小豆、栗などを加えて煎じた茶で炊いたご飯でしたが、この店では豆腐汁や煮豆などとともに提供したようです。「お江戸日本橋七つ発ち……」と歌にあるように江戸日本橋を七つ(午前4時)に出発し、東海道を西に向かい、昼ごろに「奈良茶飯」をさっと食べて旅を続けました。これが評判になり、現在のファストフードと同様に江戸の町に広まって庶民に食べられたそうです。

正解 ☞ B

Q29 日本料理

江戸時代に上方から江戸に輸送された日本酒は何と呼ばれましたか。

[A] 下り酒
[B] 上々酒
[C] 入り酒

解説

江戸時代、酒は摂津の国の灘、伊丹、池田などで造られた関西のものが最上とされ、樽詰めにして船で江戸に大量に送られました。当時は京が都だったので京・大坂を上方と呼び、江戸へ向かうことは「下り」「東下り」といいました。酒も上方から運ばれるものは「下り酒」、「下り諸白(もろはく)」といって上級酒として扱われました。また、遠州灘の荒波にもまれると酒の味がよくなるとされ、富士山の見えるところまで運んで上方に戻したものや江戸から上方に戻した酒を「富士見酒」といいました。関東の酒は醸造技術がともなわなかったこともあり、「下らぬ酒」は下級酒の代名詞となりました。

輸送船は当初は菱垣廻船(ひがきかいせん)でしたが、多くの荷物を一緒に積み込んだため、出港までに時間がかかり、酒が変質することもありました。後に専用運搬船である樽廻船(たるかいせん)で輸送するようになりましたが、江戸到着まで早い場合でも約10日、通常は20数日も費やしたそうです。日本酒は醸造酒にしては珍しく、アルコール度数が20度近くあるので、当時は、木香(きが)(酒に移った樽材の香り)を和らげるためにも、水で割って飲んでいたようです。

正解 ☞ A

Q30

日本料理

沖縄料理の「ナカミの汁」の主材料は次のうちどれですか。

[A] ウフゲー
[B] ハラガー
[C] チラガー

解説

沖縄は琉球王朝時代から交易があった中国の影響もあり、料理の特徴として豚を多く使います。ハラガー（豚の三枚バラ肉）を泡盛で煮た「ラフティー」、スペアリブを煮込んだ「ソーキ」、ウフゲー（豚の内臓）を汁物にした「ナカミの汁」、足を煮込んだ「ティビチ」などがあります。そのほか、チラガー（頭部の皮）、ミミガー（耳）など、豚すべてを無駄なく食べる文化があります。

沖縄ではとれない昆布も多く食されますが、これは琉球経由で中国に昆布を輸出したことが影響しているようです。海草はよく食べられ、ほかにもスヌイ（もずく）、アーサ（あおさ）、海ぶどうなどがあります。亜熱帯地域のため独特の野菜も多く、ゴーヤー（にがうり）、ナーベーラー（へちま）、ハンダマ（すいぜんじな）、フーチバー（にしよもぎ）、タイモ（田芋）、青いうちに食べる野菜パパイヤ、果肉が紫色の紅イモなどが有名です。豆腐ではかたいのが特徴の島豆腐、型押ししない「ゆし豆腐」、麹につけた珍味の豆腐ようがあります。料理では何といっても「混ぜ合わせ」の意味がある炒め物の「チャンプルー」、炒め煮の「イリチー」、「沖縄そば」などが有名です。

正解 ☞ **A**

Q31 西洋料理・フランス

エスカルゴの身とエスカルゴバターを殻に詰めて焼いた料理を何風というでしょう。

[A] プロヴァンス風
[B] ブルゴーニュ風
[C] バスク風

解説

エスカルゴはフランス料理の食材として有名な食用のカタツムリです。フランス産のエスカルゴは次の2種類が広く食べられています。ひとつは殻の直径が4～4.5cmのブルゴーニュエスカルゴ（escargot de Bourgogne）。もうひとつは殻の直径が2.5～3cmくらいのプティ＝グリ（petit-gris）と呼ばれる、小型で殻に灰色のらせん模様がある種類です。食用のエスカルゴの歴史は古く、古代ローマ人たちはすでにエスカルゴを飼育し、食べていました。

地方によってさまざまなエスカルゴ料理がありますが、中でも有名なものは「エスカルゴのブルゴーニュ風」です。まず、やわらかくしたバターにエシャロット、ニンニク、パセリのみじん切りを混ぜ合わせ、塩、コショウで味を調えます（これがエスカルゴバターです）。このバターと、ゆでたエスカルゴの身を殻に詰め、殻が安定するようにくぼみのついた専用の焼き皿に並べます。これを、オーブンでバターがグツグツいうまで焼きます。数は、一人あたり6個または12個が一般的です。うっすら焦げたバターとニンニクの香りと味がエスカルゴとよく合います。

正解 ☞ **B**

Q32 西洋料理・フランス

「ペリゴール風」と名づけられた料理によく用いられる材料は次のうちどれでしょう。

[A] ジロール
[B] モリーユ
[C] トリュフ

解説

トリュフは傘や軸がない塊状で、独特の強烈な香りをもったキノコ。料理のダイヤモンドなどと呼ばれる高級食材です。ヨーロッパでは夏から冬に数種がとれ、中でも評価が高いものが、晩秋から冬にかけてとれる黒トリュフです。フランス南西部のペリゴール地方が産地として有名なので、トリュフを使った料理には「ペリゴール風」や「ペリグー風」(ペリグーはペリゴール地方の中心の町)といった名前がつけられます。ほかに夏トリュフやブルゴーニュトリュフと呼ばれる品種もありますが、断面の色が白っぽく、香りが弱いので、商品価値は黒トリュフに劣ります。

トリュフは樫などの木の根元に自生し、地上には出てこないので、人の目で探すことができません。その強い香りを頼りに、嗅覚の鋭い動物を使って探します。昔は雌豚を使っていましたが、今日では訓練された犬を使うのが主流です。フランスのトリュフの収穫量は年々減少し、価格は高騰しています。人工栽培も試みられていますが、マツタケと同様、今のところ完全な人工栽培には至っていません。

正解 ☞ C

Q33 西洋料理・フランス

キャビアはフランス料理のオードブルによく用いられますが、次のうち最も粒が大きいものはどれでしょう。

[A] ベルーガ
[B] オセトラ
[C] セヴルーガ

解説

　キャビアはチョウザメの卵を塩蔵したものです。チョウザメの種類によって粒の大きさが異なり、大きいほど高級とされます。キャビアをとるチョウザメは主に3種類。ベルーガ（beluga）はそのうち最も大きく、体長約2mのもので体重は75〜100kgになります。卵も最も大粒で、銀灰色から黒っぽい灰色をしています。オセトラ（osetra）は体重約20kg。卵の大きさは中くらいで、色は明るい茶色から濃い茶色をしています。まれに緑色や黄金色のものがあり、珍重されます。セヴルーガ（sevruga）は3種類のうち最も小型で、卵は小粒で暗い灰色から黒です。キャビアの塩分は普通7〜10％ですが、マロソル（malossol）と表示があるものは3〜4％です。塩分が少ないので日持ちはしませんが、本来の卵に近い味わいが楽しめます。

　キャビアは、そば粉入りの発酵生地で作ったクレープの一種であるブリニ（blini）とサワークリーム、または薄くバターを塗ったトーストと一緒に食べるのが一般的です。飲み物はシャンパンやウォッカがよく合います。また、銀製品の器やスプーンはキャビアの硫黄成分で変色するので、禁物です。

正解　☞　A

Q34 西洋料理・フランス

「4種の香辛料」という意味の混合香辛料はどれでしょう。

[A] フィーヌ・ゼルブ
[B] カトルエピス
[C] エルブ・ド・プロヴァンス

解説

フランス語でカトル（quatre）は「4」、エピス（épice）は「香辛料（スパイス）」の意味で、カトルエピス（quatre-épices）はフランスの代表的な混合香辛料です。パテやテリーヌなどの風味づけに用います。クローブ、シナモン、ナツメッグ、白コショウを合わせたものが一般的ですが、ショウガが入ることもあります。かつて香辛料は貴重品でした。中世のフランスの料理長タイユヴァンが著した料理書『食物譜』によると、この時代は香辛料が大量に使用されていたようです。これは、肉のにおい消しや防腐に加え、香辛料を用いて権威を誇示するためでもあったと考えられます。

香草（ハーブ）はフランス語でエルブ（herbe）といいます。フィーヌ・ゼルブ（fines herbes）は生のパセリ、セルフィーユ、エストラゴン、シブレットなどの香草を細かく刻んで混ぜ合わせたもので、ソースや詰め物に加えて香りづけや彩りに用います。エルブ・ド・プロヴァンス（herbes de Provence）は「プロヴァンス地方の香草」という意味で、バージル、ローリエ、ローズマリー、セーヴォリー、タイムなどを混ぜて刻んだものです。

正解 ☞ B

Q35 西洋料理・フランス

次のコショウのうち、最も辛いものはどれでしょう。

[A] 白コショウ
[B] 黒コショウ
[C] 緑コショウ

解説

　これらのコショウは3種類とも、もとは同じコショウ科つる性植物コショウの実です。黒コショウは、実が完全に熟す前に収穫し、皮つきのまま天日で干したものです。辛味が最も強く、色も目立つので、主に肉料理に使われます。白コショウは、実が熟してから収穫し、皮を取り除き、乾燥させたものです。黒コショウほど辛味が強くなく、色が目立たないので、魚料理や白いソースなどをはじめ、料理全般に使われます。緑コショウは未熟な緑の実を収穫したもので、凍結乾燥品や塩水に漬けた製品が出回っています。辛味がまろやかで実がやわらかいため、粒のままソースに加えるなどして使われます。

　粒コショウを挽かず、粗く砕いたものはフランス語でミニョネット（mignonnette）と呼びます。ソースの仕上げの風味づけや、料理にアクセントをつけるための添えものに使われます。

　フランスの自動車会社プジョーは自動車の製造を開始するずっと以前からコショウ挽きを製造していました。このコショウ挽きは今でも世界的に有名です。

正解 ☞ B

Q36 西洋料理・フランス

アルザス地方の名物はどれでしょう。

[A] ラタトゥイユ
[B] ピペラード
[C] シュークルート

解説

　シュークルート(choucroute)は、アルザス地方で生産量の多いキャベツを細く切って塩漬けにし、発酵させたものです。これと肉類、ソーセージなどの豚肉加工品、ゆでたジャガイモなどを一緒に盛り合わせた料理をシュークルートやシュークルート・ガルニ(choucroute garnie)と呼びます。
　作り方の一例を紹介します。シュークルート、ガチョウの脂かラードで炒めたタマネギの薄切り、豚背肉、燻製豚バラ肉、塩漬けの豚スネ肉を厚手の大鍋に入れ、リースリングの白ワインと鶏のだし汁を同分量ずつ、鍋の中身がひたひたに浸かるくらいに注ぎます。香りづけにクローブ、ジュニパーベリー、ブーケ・ガルニを加え、蓋をし、オーブンで約2時間じっくり蒸し煮にします。これを皿に盛りつけ、ゆでたジャガイモとソーセージを添えます。ソーセージをはじめとする豚肉の加工品と酸味の利いたシュークルートの相性がとてもよい料理です。
　このほか、アルザス地方の伝統的な料理には、ストラスブールのフォワ・グラのパテや、牛、豚、羊の肉を土鍋で長時間煮込んだ「ベクノフ(baekenofe)」などがあります。

正解 ☞ C

Q37 西洋料理・フランス

食前酒のキールはフランスのどの町の市長の名に由来するでしょう。

[A] パリ
[B] ランス
[C] ディジョン

解説

キール(kir)は、ブルゴーニュ地方特産のカシス(黒フサスグリ)を使ったリキュール、「クレーム・ド・カシス(crème de cassis)」と、ブルゴーニュ産の白ワインを1：4くらいの割合で混ぜて作る食前酒です。キールの名は、1960年代にディジョンの市長であったフェリックス・キール氏の名にちなんでいます。今では世界中のレストランでだされているカクテルですが、もともとブルゴーニュ地方でブラン・カシス(blanc cassis)と呼ばれて飲まれていました。それを当時の市長が市の公式パーティーでだすようになり、彼の名をつけて有名になった、というわけです。

白ワインをシャンパンに代えるとキール・ロワイヤルになります。フランボワーズ(木イチゴ)のリキュールと白ワインと混ぜたものはキール・ア・ラ・フランボワーズなどの名前で呼ばれます。

デザートで「ディジョン風」といえばカシスを使いますが、料理ではディジョン名産のマスタードを使います。

正解 ☞ C

Q38 西洋料理・フランス

プレ＝サレとは何の家畜でしょう。

[A] 牛
[B] 豚
[C] 羊

解説

　フランス語でプレ（pré）は「牧草地」、サレ（salé）は「塩分を含んだ」という意味で、プレ＝サレはノルマンディー地方とブルターニュ地方の境界のモン＝サン＝ミシェルを中心に、コタンタン半島西岸に点在する地域で草を食べさせて育てた羊や子羊のことです。この土地は大潮のときに海水に洗われるため、草に塩分とヨードが染み込んでおり、その草で育てた羊は独特の風味をもつとして高く評価されています。

　子羊はフランス語でアニョ（agneau）といい、生後約1年未満のものを指します。それ以上になるとムトン（mouton）と呼びます。子羊の飼育期間は生産国により異なりますが、フランス料理では生後4〜6カ月のものが主流です。ほかにフランスの子羊の産地では、ポワトゥー地方とリムーザン地方が有名です。プロヴァンス地方のシストロンも知られています。また、子羊の中でも母乳中心で育てられた生後1〜2カ月の「乳飲み子羊（agneau de lait）」は、ミルクの風味をもち、肉は白く、繊細な味わいが好まれます。乳飲み子羊は南西部のピレネー産とポイヤック産のものが有名です。

正解　C

Q39 西洋料理・フランス

フランスのA.O.C.(アオセ)(原産地管理呼称制度)で認定されている鶏の産地は次のどこでしょう。

[A] ポイヤック
[B] ブレス
[C] ピュイ

解説

中東部のブレス地方で産する「ブレスの若鶏(poulet de Bresse)」は、A.O.C.(原産地管理呼称制度)によって認定されています。A.O.C.はフランス国内で生産される産物の品質保証制度のひとつで、各地の伝統的な特産品の継承と保護を目的として、1935年に制定されました。対象となる産物について生産地や生産方法などさまざまな生産条件を決め、これを満たす産物にのみ専有の名称が与えられます。

A.O.C.に認定されている「ブレスの若鶏」を名乗るためには、品種や飼育方法などの厳しい基準を満たさねばなりません。例えば、飼育期間と方法は、生後5週目から9週間以上、一羽あたり10㎡以上の土地で放し飼いにし、その後最低10日間ケージに入れ、生後16週間で絞めるとされています。与える餌も決められています。

ブレスでは若鶏のほか、肥育鶏(プラルド)(poularde)やクリスマスにのみ登場する肥育した去勢鶏(シャポン)(chapon)もA.O.C.に認定されています。ブレスの鶏は羽が白く、足が青いのが特徴で、出荷時には足に識別リングがつけられています。

正解 ☞ B

Q40 西洋料理・フランス

フザンダージュと関係の深い食材はどれでしょう。

[A] ヴォライユ
[B] アバ
[C] ジビエ

解説

狩猟によって捕らえ、食用にする野生動物をフランス語でジビエといいます。ジビエは、肉に独特の風味を与えたり、肉をやわらかくするために、フザンダージュ（faisandage）と呼ばれる熟成を行います。この言葉はキジ（faisan）から派生したものです。一般に、小鳥はとったらすぐに食べますが、大型の猟鳥類や猟獣類は涼しいところでしばらく寝かせてから料理していました。例えば、猟鳥類は羽毛や内臓をつけたまま、外にぶら下げておき、しばらく熟成させてから食べる、といった具合です。しかし、今日では衛生上の問題から過度のフザンダージュはほとんど行われていません。

ジビエは猟獣（鹿、猪、野ウサギなど）、猟鳥（野鴨、キジ、山ウズラ、山シギ、ツグミなど）に分けられます。フランスでは狩猟の解禁日と終了日が定められていて、おおむね秋から冬にかけてがシーズンです。市場に出回るのもこの期間のみ。フランスではジビエは季節の味覚であり、ご馳走なのです。

正解　C

Q41 西洋料理・フランス

山シギなど猟鳥類をローストし、その骨や皮で作ったソースを添える料理を何といいますか。

[A] サルミ
[B] シヴェ
[C] ジブロット

解説

　サルミ（salmis）は、山シギ、野鴨、キジ、山ウズラなどの猟鳥類で作りますが、広くは飼育した鴨や鳩などを使った場合にもいいます。残り物を煮込んだ料理「サルミゴンディ（salmigondis）」を縮めた名前だといわれています。サルミゴンディの由来は、ラテン語の塩（sal）と関係があるようです。

　サルミの一般的な作り方は、鳥を半生にローストし、肉をさばきます。残ったガラや骨、皮を小さく切り、香味野菜、ワイン、だし汁などを使ってコクのあるソースを作ります。さばいた肉に火を通し、このソースをたっぷりかけます。付け合わせには、その鳥の内臓で作ったペーストとクルトン、キノコのソテーなどを添えます。

　シヴェ（civet）は、野ウサギや鹿などの猟獣肉を赤ワインで煮て、その動物の血でソースに濃度をつけた料理です。語源はシーヴ（cive）という細いネギの一種を指す言葉です。ジブロット（gibelotte）はウサギのワイン煮で、塩漬け豚バラ肉やキノコなどを加えます。

正解　☞　**A**

Q42

西洋料理・フランス

ジュリエンヌとはどんな切り方でしょう。

- [A] 角切り
- [B] せん切り
- [C] 薄切り

解説

野菜は種類や用途によってさまざまな切り方があり、それぞれ名称が決まっています。ジュリエンヌ（julienne）はせん切りのことです。細長く切ったものでも、レタスなどの葉類の細切りはシフォナード（chiffonnade）といいます。ニンジンなどをせん切りよりも太く、棒状に切ったもの（拍子木切り）はバトネ（bâtonnet）です。角切りはデ（dé）といい、中でもごく小さな角切り（約2〜3㎜角）をブリュノワーズ（brunoise）、それよりやや大きめの角切り（約0.5〜1㎝角）をマセドワーヌ（macédoine）と呼びます。小さな正方形に薄く切ったものはペイザンヌ（paysanne）、キュウリやナスなどの輪切りはロンデル（rondelle）です。

野菜を刻む作業にもいくつかの言葉を使い分けます。形が残らないくらい細かいみじん切りにすることはアシェ（hacher）といいます。形が残るように細かく刻む場合はシズレ（ciseler）、粗く刻む場合はコンカセ（concasser）です。薄切りにすることはエマンセ（émincer）といいます。

正解 ☞ B

Q43

西洋料理・フランス

舌ビラメをフランス語で何といいますか。

- [A] bar（バール）
- [B] sole（ソル）
- [C] turbot（テュルボ）

解説

　舌ビラメはフランス語でsoleといいます。フランス料理でよく使われる高級魚です。フランスで主に用いられる舌ビラメは、日本ではドーバーソール（Dover sole）と呼ばれ、肉厚で身に弾力があります。ドーバー海峡に限らず、北ヨーロッパや大西洋、地中海でとれます。日本近海でとれる舌ビラメは別種で、ドーバーソールに比べ、身がやわらかく小型です。日本では目がついている側によって「左ヒラメに右カレイ」といいますが、これにのっとるとドーバーソールは右についているのでカレイの仲間ということになります。

　舌ビラメの料理で有名なものに、白ワインや香味野菜とともに蒸し煮にし、その煮汁でソースを作る「ボンヌ・ファム風」や「デュグレレ風」があります。「デュグレレ風」は、19世紀のパリの人気店カフェ・アングレで料理長をしていたアドルフ・デュグレレが考案した料理です。舌ビラメは味が淡泊でクセがないので、魚のだし汁（フュメ・ド・ポワソン）の材料としてもよく使われます。

　なお、turbotは大型で菱形に近い形をしたヒラメの一種。barはスズキ。どちらもフランス料理では高級魚です。

正解 ☞ **B**

Q44 西洋料理・フランス

次のうち乳化のタイプが水中油滴型でないものはどれでしょう。

[A] ブール・ブラン
[B] バター
[C] マヨネーズ

解説

　乳化とは、水と油のように混ざり合わない2種類の液体のうち、一方が細かい粒となり、他方に分散して混ざり合うことです。マヨネーズのように水分の中に細かい油の粒が分散している乳化のタイプを水中油滴型といいます。牛乳や生クリームも同じタイプです。逆に油の中に水分が細かい粒となって分散している場合は油中水滴型といい、バターやマーガリンはこちらにあたります。

　ブール・ブラン (beurre blanc) は、酢やワイン、刻んだエシャロットなどを煮詰め、バターをたっぷり加えたソースです。主に魚介料理に添えられます。これもマヨネーズと同様、水中油滴型の乳化ソースです。

　器についたマヨネーズは水をかけるだけできれいに落ちます。これは、マヨネーズが水中油滴型で、油の粒が乳化剤に取り囲まれ、皿に直接接していないからです。皿に接しているのは水分なので、水をかければすっと流れていきます。湯をかけると熱で乳化の状態が壊れ、水分と油に分離し、油が器についてしまいます。ブール・ブランにはバターが多く含まれるわりに油っぽさを感じにくいのも、同じ理由です。

正解 ☞ B

Q45

西洋料理・フランス

（　）に適する語はどれでしょう。「ソースの仕上げにバターを加えてコクやつやをつけることを、バターで（　）するという」。

[A] モンテ
[B] マリネ
[C] ミジョテ

解説

　ソースの仕上げに冷たいバターを加えて溶かし混ぜ、コクをつけてなめらかでつやのある状態に仕上げることを、「バターでモンテする（monter au beurre）」といいます。鍋をゆすってソースにゆっくりバターを溶かし込んでいきます。火にかけたままバターを加えると分離しやすいので、鍋を火からはずしてバターを加えるのがコツです。バターのほか、オリーブ油などの油脂でモンテすることもあります。ソースにバターやオリーブ油を加えると風味が増しますが、ソースの材料本来の味や香りをできるだけ生かしたい場合は、モンテしないこともあります。モンテ（monter）の一般的な意味は「上がる」「登る」ですが、料理では、マヨネーズを「かき立てる」ことや、卵白や生クリームを「泡立てる」ことも指します。

　マリネ（mariner）は材料をやわらかくしたり、香りや風味をつけて味を強めたりするために、材料をワインや酢などを合わせた漬け汁などに漬けること。ミジョテ（mijoter）は煮込み料理などを弱火でコトコト煮ることです。

正解　A

Q46 西洋料理・フランス

キノコの一種、モリーユは日本語で何と呼ぶでしょう。

[A] アミガサタケ
[B] アンズタケ
[C] ヤマドリタケ

解説

　モリーユ(morille)は日本語で「アミガサタケ」と呼ばれます。キノコは秋の食材というイメージがありますが、これは春にとれ、フランスでは高級なキノコのひとつです。日本にも数種類のアミガサタケが自生しています。

　モリーユは傘に蜂の巣状の穴があるのが特徴で、傘と軸の中は空洞です。そこへ詰め物をすることもあります。傘の穴の部分に砂が入っているので、よく洗ってから使います。2～3日乾燥させると風味が増します。乾燥品もよく使われます。

　アンズタケはフランス語でジロール(girolle)といい、杏の甘い香りのするキノコです。季節は6～10月。大きさはさまざまありますが、高級レストランでは小さくて形のそろったものが好まれます。

　ヤマドリタケは、セープ(cèpe)というキノコの一種で、イタリアではポルチーニと呼びます。ほかにフランス料理でよく使われるキノコには、一見キクラゲのようなクロラッパタケ(trompette-de-la-mort トロンペット ド ラ モール)、料理のダイヤモンドと呼ばれるトリュフなどがあります。

正解　A

Q47 西洋料理・フランス

ジャガイモを太めの棒状に切って揚げた料理を何というでしょう。

[A] ポム・デュシェス
[B] ポム・ポン＝ヌフ
[C] ポム・ドーフィーヌ

解説

　ジャガイモはフランス語でポム・ド・テール（pomme de terre）といいます。ポムは「リンゴ」、テールは「大地」の意味。南米大陸原産で、コロンブスのアメリカ大陸到達以降にヨーロッパに入ってきた野菜です。ポム・ポン＝ヌフ（pommes Pont-Neuf）は、ジャガイモを断面が約1cm角、6〜7cmの長さに切り、油で色よく揚げたもの。牛肉のグリエなどに添えます。ポン＝ヌフはパリのセーヌ川にかかる橋の名で、「新橋」という意味ですが、実はパリで一番古い橋です。ポム・ポン＝ヌフより細く、断面を3〜4mm角に切った場合はポム・アリュメット（pommes allumettes）、さらに細いせん切りのフライはポム・パイユ（pommes paille）と呼びます。アリュメットは「マッチ」、パイユは「麦わら」を意味します。
　ポム・デュシェス（pommes duchesse）はゆでたジャガイモを裏漉しし、バターと卵黄を混ぜ、しぼりだしてオーブンで焼いたもの。デュシェスの意味は「公爵夫人」です。ポム・ドーフィーヌ（pommes dauphine）は、ゆでたジャガイモの裏漉しにシュー生地を混ぜ合わせ丸く揚げたもので、ドーフィーヌは「王太子妃」という意味です。

正解 ☞ B

Q48 西洋料理・フランス

「バリグール風」の主材料に使う野菜はどれでしょう。

[A] トマト
[B] ズッキーニ
[C] アーティチョーク

解説

　「バリグール風」とは、アーティチョークに詰め物をし、蒸し煮した料理を指します。「アーティチョークのバリグール風」ともいいます。バリグールは本来キノコの名前ですが、いつしかシャンピニョンのデュクセル（刻んだシャンピニョン、エシャロット、タマネギをバターで炒めたもの）を詰めたアーティチョークの料理名になりました。現在ではこの料理に限らず、アーティチョークを使った料理に「バリグール風」とつけることがあります。

　アーティチョークはシチリア島原産の野菜で、イタリアでは昔からよく使われています。フランスでは16世紀ごろから栽培が奨励されていたようです。食用にするのは、花が咲く前の大きな蕾。ガクに囲まれた芯の部分とガクのつけ根を食べます。芯の部分はフォン（fond）と呼びます。フォンとは底という意味です。ガクをはずして周りをむいた芯は、アクが強く変色しやすいので、レモン汁をこすりつけたり、レモン汁を加えた水に漬け、変色しないように下処理をします。一般的には火を通して食べますが、小型のアーティチョークの中には生で食べられるものもあります。

正解 ☞ **C**

Q49

西洋料理・フランス

ナヴァランは何の肉の煮込みでしょうか。

[A] 牛
[B] 豚
[C] 羊

解説

　ナヴァラン（navarin）は羊肉の煮込みのことをいいます。ほとんどの場合、クセの少なくやわらかい子羊肉を使い、生のトマトやトマトペーストを多く用いたトマト風味の煮込みです。フランス料理で定番の「子羊の煮込み、春野菜添え（Navarin printanier）」は、おいしい子羊が出回る春に、グリンピースやカブ、ニンジン、新タマネギなど、旬の野菜を付け合わせた料理です。
　肉の部位はバラ肉や肩肉が最もよく使われます。かたい肉をゆっくり煮込むことにより、味がよく出て、肉がやわらかく仕上がります。ナヴァランはだし汁でなく水で煮込むこともよくあります。だし汁を使わなくとも、子羊独特の風味が煮汁に溶け込み、素晴らしいソースができ上がります。
　ナヴァランという言葉の由来は、一説には、本来この料理に付け合わせていたカブ（navet）が変化したともいわれています。カブを付け合わせた鶏、甲殻類、魚などの煮込みにナヴァランと名づける料理人もいます。

正解　C

Q50　西洋料理・フランス

リ・ド・ヴォとは子牛の、どの部位のことでしょう。

［A］腎臓
［B］肝臓
［C］胸腺

解説

　胸腺は子牛や子羊、子ヤギの喉から胸にかけてついている器官です。成長とともに退化します。脂肪質の塊でやわらかいですが、適度な弾力があります。フランス料理で主に用いるのは子牛と子羊の胸腺で、子牛の胸腺はリ・ド・ヴォ（ris de veau）、子羊の胸腺はリ・ダニョ（ris d'agneau）といいます。特に子牛の胸腺は高級食材として珍重され、ねっとりとしてもちもちした食感が好まれています。

　胸腺は繊細で淡泊な味わいなので濃い味をつけて、ブレゼ（蒸し煮）、ソテー、フライなどの料理にすることが多いようです。下処理は、まず冷水に浸けて血抜きをし、水から軽くゆで、氷水で冷まし、表面の薄皮を取り除きます。さらに重石をしてしばらくおき、水気を切ります。ここまで下処理をしてから調理に取り掛かります。

　家畜の内臓類、舌、頭、尾など枝肉以外の可食部分をフランス語でアバ（abats）といいます。胸腺もこのアバの一種として扱われます。フランス料理では、ほかに肝臓（foie）、腎臓（rognon）、舌（langue）、尾（queue）などがよく用いられます。

正解　C

Q51 西洋料理・フランス

鶏の首のつけ根にあるV字形の骨（鎖骨）をフランス語で何といいますか。

[A] ソリレス
[B] クルピヨン
[C] フルシェット

解説

　フルシェット（fourchette）は鶏などの首のつけ根にあるV字形の細い骨です。鶏などを丸ごとローストしたりゆでるなどして調理する場合は、胸肉をはずすときにこの骨が邪魔になるので、火を通す前に取り除いておきます。骨のはずし方は、フルシェットに沿って包丁の先で骨の両側に切り込みを入れます。次にV字形のつけ根の部分を切り離し、骨をそっと起こし、手前に倒してはずします。なお、フランス語でフルシェットというと、一般にはフォークのことを指します。
　ソリレス（sot-l'y-laisse）は鶏などのモモ肉のつけ根、腰の骨のくぼみ部分についている丸い肉です。鶏なら直径2cm前後しかありませんが、鶏の肉の部位でも最もおいしいとされています。ソリレスとは「愚か者はそれをそこに残す」という意味です。ややへこんだ部分についているので、その名が示す通り、気をつけてさばかないとガラの方に残ってしまいます。小さいけれどおいしい部位なので、わざわざ料理名に「ソリレス」と明示する料理人もいます。
　クルピヨン（croupion）は、尻の先端の三角の部分をいいます。

正解 ☞ C

Q52 西洋料理・フランス

黒オリーブをベースにしたプロヴァンス地方のペーストを何といいますか。

[A] ピストゥ
[B] タプナード
[C] アイヨリ

解説

　タプナード（tapenade）は黒オリーブやケイパーなどをペースト状にしたもので、薬味として使います。語源はプロヴァンス語でケイパーを意味するtapenoです。アンチョビーやマグロの油漬け、マスタード、ニンニク、タイム、ローリエなどを加えることもあります。オリーブの種類を変えるなどして、味に変化をつけることもできます。使い方は、生野菜に添えたり、パンに塗ったり、かたゆで卵の黄身と混ぜて白身に詰めたりします。魚、肉料理やゆでたジャガイモなどに添えてもよく合います。

　ピストゥ（pistou）もプロヴァンス地方の薬味で、バジルの葉をニンニク、オリーブ油とともにすりつぶしたものです。また、野菜たっぷりのスープに、ヴァーミセリと呼ぶ細いパスタとピストゥを加えたスープも、ピストゥと呼びます。イタリアにもバジルを使ったよく似たソースがあり、ジェノヴァ風ペストと呼ばれます。

　アイヨリ（aïoli）はニンニク、オリーブ油、卵黄などで作るマヨネーズ状のソースです。

正解　☞　B

Q53

西洋料理・フランス

ヒヨコ豆の粉で作るクレープのようなニースの名物は何でしょう。

[A] パニス
[B] シシ・フレジ
[C] ソッカ

解説

　ソッカ（socca）は、ヒヨコ豆の粉と水を混ぜ合わせ、オーブンで薄い円形に焼いたニースの名物です。塩やコショウで調味されたものが屋台などで売られています。ニースの隣の県のトゥーロンにもソッカと同じようなものがあり、カド（cade）と呼ばれます。

　ヒヨコ豆は豆に小さな突起がひとつあることからこの名がついてます。エジプト豆とも呼ばれ、フランス語でポワ・シッシュ（pois chiche）。英語ではチックピー、またはスペイン語から転じたガルバンゾ（garbanzo）といいます。原産地は西アジアとされ、インドやシリア、ヨルダン、エジプトなどでよく使われています。

　パニス（panisse）もマルセイユやニースの名物です。ソッカと同じくヒヨコ豆の粉で作りますが、こちらは粉に水を加えて粥状に煮込み、冷やして切り分け、油で揚げます。

　シシ・フレジ（chichis frégis）はヒヨコ豆の粉にイーストを加えた生地で作った揚げ菓子。プロヴァンス地方の方言で「揚げたヒヨコ豆」という意味ですが、最近は小麦粉で作るものも多いようです。形はスペインの揚げ菓子チューロスに似ています。

正解　C

Q54 西洋料理・フランス

19世紀はじめ、宴会料理を中心に活躍したフランスの料理人は誰でしょう。

[A] ボーヴィリエ
[B] カレーム
[C] デュボワ

解説

　フランス革命後、市井にレストランが増える一方で、ナポレオンの皇帝即位によって宮廷が作られ、革命以前の王侯貴族たちの豪華な宴会をまねた宴会中心のフランス料理が息を吹き返しました。アントナン・カレーム（1783〜1833年）は、その中で数々の王侯貴族に仕え、料理長や給仕長として活躍した人物です。組織を作る才能にすぐれ、1200名の祝宴など大規模な宴会を取り仕切りました。ピエス・モンテ（pièce montée　宴会用の華やかで大きな飾り物）のスペシャリストでもあり、『19世紀フランス料理技術』をはじめ数多くの著作も残し、多大な評価を得ています。

　アントワーヌ・ボーヴィリエ（1754〜1817年）は1782年、パリで最初の本格的なレストランとされる「グランド・タベルヌ・ド・ロンドル（ロンドン大酒家）」を開いた人物です。ユルバン・デュボワ（1818〜1901年）は、偉大な料理人であると同時に、サービス方法の改革者としても知られています。たくさんの料理を一度に食卓に並べるフランス式サービスから、一品ずつ出すロシア式サービスへの転換を提唱しました。

正解　☞　**B**

Q55 西洋料理・フランス

次のうちオーヴェルニュ地方のチーズはどれでしょう。

[A] モン゠ドール
[B] フルム・ダンベール
[C] ポン゠レヴェック

解説

　フルム・ダンベール（fourme d'Ambert）はオーヴェルニュ地方の青カビタイプのチーズです。高貴なチーズと称えられ、青カビタイプの中ではマイルドで食べやすいのが特徴。この地方は平地が少ないため牧畜が盛んで、重さ約40kgにもなるカンタル（cantal）や、ねっとりとして古漬けのような風味をもつサン゠ネクテール（saint-nectaire）などのセミハードタイプのチーズも作られています。

　ポン゠レヴェック（pont-l'évêque）は正方形のウォッシュタイプのチーズ。カマンベール・ド・ノルマンディー（camembert de Normandie）やハートの形で知られるヌーシャテル（neufchâtel）、強い刺激臭をもつリヴァロ（livarot）などとともに、ノルマンディー地方を代表的するチーズです。

　モン゠ドール（mont-d'or）はスイスに隣接するフランシュ゠コンテ地方のチーズです。形を保つために側面にもみの木の薄板が巻かれ、もみの木の箱に入っています。熟成すると中身が流れるほどやわらかくなり、それをスプーンですくって食べます。残った皮は枠ごとオーブンで焼くと香ばしく、おいしく食べられます。

正解　☞　**B**

Q56 西洋料理・イタリア

イタリアの秋の味覚のひとつで、フランスではセープと呼ばれるキノコはどれでしょう。

[A] ポルチーニ
[B] モリーユ
[C] オーヴォリ

解説

　秋の味覚の王様ともいえるポルチーニ（porcini・和名ヤマドリタケ）は、イタリア料理で用いる野生キノコの代表格。傘の部分が厚くて軸も太く、ずんぐりとした形が特徴の、非常に香り高く味のよいキノコです。フレッシュが出回るのは9～11月ごろですが、春や夏にとれる種類もあります。季節には、ニンニク、パセリで風味づけしてオリーブ油でグリルやローストにしたポルチーニがセコンド・ピアットとして供されます。また、揚げ物やソテー、リゾットやパスタなどに幅広く用いられ、とれたてのかたく締まった小さなものは、生でサラダにすることも。中でも、エミーリア＝ロマーニャ州パルマ県のボルゴターロのポルチーニは特に有名です。

　冷凍品や乾燥品もあり、特に、生よりも香りや風味が強い乾燥品は、ソースや詰め物、スープなど、手軽に幅広く用いられ、イタリア料理で「乾燥キノコ（funghi secchi）」といえば、乾燥ポルチーニを指すほどです。

　オーヴォリ（ovoli）はタマゴタケのことで、生でサラダなどにして食べます。

正解 ☞ A

Q57 西洋料理・イタリア

魚卵の加工品のボッタルガは、ボラ以外に、何の卵巣から作られるでしょう。

[A] タイ
[B] ニシン
[C] マグロ

解説

地中海地方に伝わる魚卵の加工品のボッタルガ（bottarga）は、いわばイタリア版カラスミです。魚の卵巣を取り出し、塩漬けにして水分を抜き、板の間にはさんで押しつぶすように型押ししてから、乾燥させて作ります。イタリアではボラ以外に、マグロ、タラ、スズキなどの卵巣も利用しますが、流通している製品は主にボラとマグロです。また、日本の製法と比べ、塩漬けの期間は短いのですが、塩抜きをしないので塩辛く、乾燥期間も4～5カ月と長いため、乾燥の度合いも強いことが特徴。ボラのボッタルガの製造ではサルデーニャ州が特に有名です。

薄切りにして、好みでオリーブ油やレモン汁で調味してアンティパストにしたり、すりおろしてパスタ料理にふりかけたりして使います。

ほかの魚の加工品としては、カタクチイワシを塩漬けにして熟成させたアンチョビー（acciuga　アッチューガ）が有名。またストッカフィッソ（stoccafisso）やバッカラ（baccalà）と呼ばれるメルルーサ（タラの一種）の乾燥品は、スペインやポルトガルなどでもよく食べられています。

正解 ☞ C

Q58 西洋料理・イタリア

「フリッタータ」とはどのような料理でしょう。

[A] フライ
[B] サラダ
[C] オムレツ

解説

　イタリア料理のフリッタータ（frittata）とはオムレツのこと。ただし、ホテルの朝食などでおなじみの、木の葉形をした半熟のものではなく、フライパン全体を使って焼く、平らなオムレツです。

　このフリッタータは、具を混ぜないプレーンなものはあまりなく、ほとんどの場合、たくさんの具を混ぜ込んで焼きます。野菜、香草、ハムやソーセージ、魚介類、チーズなど、好みの材料を何でも使うことができ、焼きたての熱々はもちろん、冷めてもおいしく、家庭的で最も親しみやすい卵料理といえるでしょう。前菜にしたり、サンドイッチの具にもよく使われます。

　スペインにもフリッタータとよく似た平焼きオムレツ（tortilla）があり、こちらはトルティーリャ、あるいはトルティージャと呼ばれています。フリッタータもトルティーリャも、半熟に焼き上げることはなく、しっかり火を通して仕上げます。

　フライはイタリア語でフリット（fritto）といい、野菜、魚、肉や内臓などのフライは、レストランやトラットリアの定番メニュー。サラダはインサラータ（insalata）といいます。

正解 ☞ C

Q59 西洋料理・イタリア

ケイパーは植物のどの部分でしょう。

[A] 蕾
[B] 根茎
[C] 果実

解説

　フウチョウソウ科の植物の蕾を塩漬けや酢漬けにしたものがケイパー。イタリアではカッペリ（capperi）といいます。日本では酢漬けが一般的ですが、イタリアには塩漬けも多く、水に浸けて塩抜きをしてから使用します。アンチョビーとの相性がよいので、一緒に使われることも多く、ソースに加えて風味をつけたり、料理の仕上げに散らしたりします。また、フランスではカープル（câpres）と呼ばれ、同様に使われます。

　イタリアではシチリア州が主産地で、パンテッレリーア島のものは特に有名です。手摘みで収穫して葉を除き、選別機で蕾の粒の大きさをそろえます。中でも小さくキュッと締まったものが食感も香りもよく、高級品とされています。

　また、サクランボのような形をしたフルッティ・デル・カッペロ（frutti del cappero）と呼ばれる果実（ケイパーベリー）の塩漬けや酢漬けもあり、おつまみやアンティパストとして食べられます。産地のシチリアではククンチ（cucunci）ともいわれています。

正解 ☞ A

Q60 西洋料理・イタリア

豚肉加工品のパンチェッタは、どの部位から作られるでしょう。

[A] 肩肉
[B] バラ肉
[C] ホホ肉

解説

パンチェッタ（pancetta）は豚のバラ肉を指し、この部位を塩漬けにして熟成させた加工品のこともそう呼びます。塩漬けの際に香辛料や香草で風味づけをすることが多く、熟成期間は製品の種類や重量によって異なります。ロール状のものと平たい形をしたものがあり、そのままを食べるよりも、多くの場合、小さく切って煮込み料理やスープ、パスタ料理などのソースに加えて料理の味わいを深めるのに用います。

イタリアの豚肉加工品ですが、ほかにも、生ハム、グアンチャーレ（guanciale・ホホ肉の塩漬け）、ラルド（lardo・背脂の塩漬け）などがあり、サラミ類も加えると、数えきれないほどです。

パンチェッタ、タマネギ、ニンニク、赤トウガラシ入りのトマト・ソースで和えた、アマトリーチェ風（all'amatriciana）と名がつくパスタ料理は、本来はパンチェッタではなく、グアンチャーレで作っていました（アマトリーチェはローマの北東にある村の名）。合わせるのは、ブカティーニやリガトーニ（筋入りの太い管状のショートパスタ）など、存在感のあるパスタが定番。仕上げにはペコリーノ・チーズが欠かせません。

正解 ☞ **B**

Q61 西洋料理・イタリア

世界的に有名なイタリアの生ハムの産地で正しいものはどれでしょう。

[A] パルマ
[B] パドヴァ
[C] バーリ

解説

日本では、ロースハムやボンレスハムのように豚肉を塩漬けにし、加熱した製品が一般的ですが、イタリアでは非加熱の生ハムが主流。プロシュット・クルード（prosciutto crudo）と呼ばれる生ハムは、豚のモモ肉を塩漬けにし、乾燥させながら長期間熟成させた、イタリアの食肉加工品を代表する製品。すでに古代ローマ時代には宴席などで楽しまれていたという長い歴史をもち、イタリア各地で作られています。中でも製造に適した環境・気象条件を備えたエミーリア＝ロマーニャ州のパルマと、フリウーリ＝ヴェネツィア・ジューリア州のサン・ダニエーレのものは世界的に有名で、どちらの製品も生産工程が規則に従って厳しく管理されています。馬の骨で作った細い棒を刺し、付着したにおいで熟成具合を検査し、合格した製品には品質保証の焼き印が押されて出荷されます。パルマ産と比べると、サン・ダニエーレ産は足先まで骨を残し、プレス加工をしているので平たい形をしています。

これらのハム、サラミやソーセージなどの食肉加工品は、イタリア語でサルーミ（salumi）といい、イタリアの食文化には欠かせない存在です。

正解 ☞ A

Q62 西洋料理・イタリア

クリスマスに関係のあるドルチェはどれでしょう。

[A] コロンバ
[B] キアッキエレ
[C] パネットーネ

解説

カトリックの国、イタリアでは、キリスト教にまつわる祝祭日や祭事にちなんだドルチェ（菓子）がたくさんあります。

大きなマフィンのような形をしたパネットーネ（panettone）は、クリスマスに欠かすことのできないミラノ伝統の発酵菓子で、卵や砂糖がたっぷり入った生地にドライフルーツを混ぜ込んで作ります。現在では一年中、全国どこででも手に入りますが、やはりクリスマス時期は種類も豊富で、店先に山積みになっています。ヴェローナ銘菓で「黄金のパン」という意味のパンドーロ（pandoro）もクリスマス菓子で、その名の通り、卵をたっぷり使った黄金色の生地と星のような独特の形が特徴です。

「鳩」という意味のコロンバ（colomba）は鳩の形を模した、上記の2つによく似た生地の復活祭のドルチェです。

キアッキエレ（chiacchiere）は謝肉祭（カーニバル）の時期に食べられる揚げ菓子のひとつ。ブジーエ（bugie）、フラッペ（frappe）、チェンチ（cenci）など、呼び方や形はさまざまですが、イタリア各地にあります。

正解 ☞ C

Q63 西洋料理・イタリア

「ポレンタ」とは、何を煮たものでしょう。

[A] トウモロコシ粉
[B] セモリナ粉
[C] そば粉

解説

　トウモロコシ粉を煮て作るポレンタ（polenta）は北イタリアを代表する食べ物。日本ではあまりなじみがありませんが、イタリアでは昔から食べられています。

　作り方はいたって簡単で、熱湯にトウモロコシ粉を入れ、40分ほどかき混ぜながら煮込めばでき上がり。ポレンタにするトウモロコシ粉には黄色いものと、白いものとがあります。また、最近では、煮込み時間が短いインスタントタイプや、キノコや香草などが入った商品も多く出回っています。

　本来、ポレンタとは穀物や豆の粉を粥状に煮込んだものを指していました。しかし、16世紀以降、小麦不足を補う穀物として、アメリカ大陸から入ってきたトウモロコシの栽培が北イタリアで広まるにつれ、その粉を粥状に煮たものを指すようになり、庶民のお腹を満たすパン代わりの食べ物として定着しました。

　煮込み料理に添えることが一般的ですが、溶かしバターやチーズなどをかけてもおいしく、冷めてかたまったものを焼いたり、揚げたりすることもあります。

正解　A

Q64 西洋料理・イタリア

古代ローマ時代に広く使われていたガルムは、どのような調味料でしょう。

- [A] 甘味料
- [B] 酢
- [C] 魚醤

解説

　ガルム（garmu）とは、カタクチイワシやサバなどの内臓や身で作られる魚醤の一種です。ギリシャから持ち込まれ、2000年以上前の古代ローマ時代には調味料として広く使われていました。その時代の美食家とされるアピキウスの料理書にもしばしば記述が見られます。その後、一度、歴史から姿を消してしまいますが、最近ではこの古代の調味料を復活させる動きがあり、また、南イタリアのチェターラでは、このガルムの流れを汲むとされるカタクチイワシの魚醤油、コラトゥーラ・ディ・アリチ（colatura di alici）が作られています。

　カタクチイワシはアンチョビーともいい、塩漬けにして発酵・熟成させた加工品としても有名です。日本では塩漬けにした身だけを油漬けにした製品やペースト状のチューブ入りが主流ですが、イタリアの市場では、塩漬けのアンチョビーが大きな缶詰や樽の中に縦横にびっしり隙間なく並んだ状態で売られています。サラダやピッツァなどでそのまま味わう以外にも、料理に塩味とコクをつける調味料的な使い方もします。このアンチョビーの起源をガルムと考える人もいます。

正解　C

Q65 西洋料理・イタリア

「スパゲッティ・カルボナーラ」はどこの地方料理でしょう。

[A] フィレンツェ
[B] ローマ
[C] ヴェネツィア

解説

卵とチーズのクリーミーな味わいがやみつきになるスパゲッティ・カルボナーラ（Spaghetti alla carbonara）は代表的なローマ料理で、直訳すると「炭焼き職人風スパゲッティ」という意味になります。炭焼き職人が作っていたから、仕上げの粗挽き黒コショウが炭のように見えるから、戦後にローマに進駐したアメリカ兵が作らせたなど、由来は諸説ありますが、はっきりとしません。

ほかに有名なローマ料理には、サルティンボッカ（Saltimbocca）や牛テールの煮込みなどがあります。「口に飛び込む」という意味のサルティンボッカは、セージと生ハムをのせた子牛の薄切り肉のソテー。また、皮なめし職人風（alla vaccinara）という名前のついた牛テールの煮込みは、セロリを入れてトマト味に仕上げたもの。ローマの食肉処理場周辺には安い食堂が多くあり、そこではテールや足、臓物などを使った料理が庶民の胃袋を満たしていました。

正解 ☞ B

Q66 西洋料理・イタリア

詰め物入りパスタでないのはどれでしょう。

［A］カッペッレッティ
［B］カペッリーニ
［C］トルテッリーニ

解説

　手打ちパスタの生地を薄くのばし、詰め物をしたパスタには、四角、丸、半月、輪などいろいろな形があり、その名前もラヴィオリ、カッペッレッティ、トルテッリーニ、アニョロッティなどさまざま。形は同じでも違う名前がついていたり、名前は同じなのに形が違ったりすることもよくあります。

　1辺が3〜4cmの正方形の生地に詰め物をしたパスタを一般的にラヴィオリといいます。リコッタ・チーズにホウレンソウ、卵黄、パルメザン・チーズなどを加えた肉抜きの詰め物をしたものは、特にラヴィオリ・ディ・マーグロ（Ravioli di magro）と呼ばれています。ほかに肉と香味野菜を煮てペースト状にしたもの、魚介をベースにしたもの、野菜の煮込みにチーズを加えたものなどを詰め物にします。

　詰め物を味わう料理なので、ソースは比較的シンプルなものが多く、バターとチーズで和えただけということもよくあります。また、ボローニャやモデナの詰め物入りパスタのトルテッリーニ（tortellini）は、本来はブイヨンでゆでて、そのままスープとして食べる料理です。

正解 ☞ **B**

Q67 西洋料理・イタリア

フランス料理の「ポトフ」に似た、肉と野菜の煮込みを何というでしょう。

[A] ボッリート・ミスト
[B] リボッリータ
[C] マンゾ・ブラザート

解説

　数種類の肉と野菜を時間をかけて煮込んだゆで肉の盛り合わせ、ボッリート・ミスト（Bollito misto）は、ピエモンテ州、ロンバルディーア州、エミーリア＝ロマーニャ州など、北イタリア伝統の肉料理です。牛、子牛、豚、鶏のさまざまな部位、食肉加工品などをいくつか取り合わせて使います。
　薬味として添えられるのは、モスタルダ（mostarda）、香草ソース、マスタードなどが一般的。
　モスタルダとはマスタード風味の果物のシロップ漬けで、地域によって用いる果物の種類や作り方に違いがあります。ロンバルディーア州のクレモーナのものが有名で、洋ナシ、リンゴ、カリン、アプリコット、イチジク、サクランボなどを取り合わせて作ります。マスタードの辛味と果物の甘味が、塩で味つけされた肉類と実によく合います。ほかに、カボチャなどのトルテッリの詰め物に使ったり、ローストした肉、チーズに添えたりすることもあります。
　リボッリータ（Ribollita）はトスカーナ州の黒キャベツとインゲン豆入りスープ、マンゾ・ブラザート（Manzo brasato）は牛肉の煮込みです。

正解　A

Q68 西洋料理・イタリア

温めたカード(凝乳)を湯の中で練りのばして作るフレッシュタイプのイタリアチーズはどれでしょう。

[A] マスカルポーネ
[B] リコッタ
[C] モッツァレッラ

解説

　モッツァレッラは、イタリア南部に多い、カードを湯の中で練りのばして作るパスタ・フィラータ（pasta filata）のチーズの代表です。練ったカードを適当な大きさに引きちぎる動作をモッツァーレ（mozzare）といい、名前の由来となっています。

　本来は水牛乳を用いますが、現在では牛乳や混合乳の製品が増えています。水牛製のものはモッツァレッラ・ディ・ブーファラ（mozzarella di bufala）、牛乳製のものはモッツァレッラ・ディ・ヴァッカ（mozzarella di vacca）、あるいはフィオール・ディ・ラッテ（fior di latte）と呼んで区別します。熟成させないフレッシュチーズなので、製造後はできるだけ早く食べること。200g前後の球形が一般的ですが、ひと口大のものや三つ編み状の製品も。

　ミルクの風味と独特の食感を楽しむには、塩、コショウ、オリーブ油のシンプルな味つけがおすすめ。トマト、バジリコと合わせたサラダのカプレーゼ（Caprese）は特に有名です。加熱すると溶けて糸を引くのもパスタ・フィラータのチーズの特徴のひとつで、ピッツァやグラタンにもよく使われます。

正解　☞　C

Q69 西洋料理・イタリア

パスタ料理の名前につくアラビアータの意味は何でしょう。

[A] アラブの
[B] 怒った
[C] 赤トウガラシの

解説

メニュー名にアラビアータ (all'ar-rabbiata アッラッラッビアータ) とついていると、その読みから、なんとなくアラブ風かな？と思われるかもしれませんが、実はアラビアータ (arrabbiata アッラッビアータ) とはイタリア語で、「怒った、カッカした」という意味です。赤トウガラシなどの香辛料を強く利かせた料理のことで、パスタ料理では、赤トウガラシ入りのピリピリと辛いトマト・ソースで和えたものになります。日本のレストランのメニューでは「怒りん坊風」などと訳されていることが多いようです。

また、プッタネスカ (alla puttanesca アッラプッタネスカ) と名前のついたカンパーニア州のパスタ料理は、アンチョビー、オリーブ、ケイパー、ニンニク、赤トウガラシ入りのトマト・ソースで和えたものです。訳すと「娼婦風」という意味になります。

どちらもイタリアの家庭には常備されているような材料を使って手軽に作れる定番パスタ料理です。

正解 ☞ B

Q70 西洋料理・イタリア

以下のうち、一番細いロングパスタはどれでしょう。

[A] スパゲッティーニ
[B] カペッリーニ
[C] カペッリ・ダンジェロ

解説

イタリア語のパスタ（pasta）という言葉は、一般にはスパゲッティなどの麺類の総称として用いられることが多いのですが、広くは粉を練って作るもの全般を指し、菓子やパンの生地、お茶用の小菓子や菓子パン、ペースト状のものなどもパスタといいます。

おなじみの麺のパスタは、デュラム・セモリナ粉（硬質小麦の一種であるデュラム小麦の粉）を原料にした工場生産品の「乾燥パスタ」と、軟質小麦の粉（いわゆる小麦粉）を原料にした「手打ちパスタ（生パスタ）」の2つに大別されます。手打ちパスタを乾燥させた市販品の普及に加え、近頃は打ちたてを売る専門店も増え、家庭でパスタを打つ機会は徐々に減っているようです。

乾燥パスタには、ロングとショートがあり、ロングパスタの代表といえばスパゲッティ。より細いものはスパゲッティーニ、さらに細いカペッリーニ（capellini・細い髪）、極細のカペッリ・ダンジェロ（capelli d'angelo・天使の髪）と、細さによってさまざまな名前がついています。また、断面が楕円形をしたリングイーネ（linguine・小さな舌）など、形によっても呼び名は変わります。

正解 ☞ **C**

Q71 西洋料理・イタリア

ペッティネと呼ばれる器具の上を転がして筋をつけた手打ちパスタはどれでしょう。

[A] ガルガネッリ
[B] オレッキエッテ
[C] マッケローニ・アッラ・キタッラ

解説

正方形に切った生地を細い棒に巻きつけるようにしながら、ペッティネ（pettine・櫛）と呼ばれる器具の上を転がすと、ショートパスタでおなじみのペンネのような手作りのマカロニができます。これがエミーリア＝ロマーニャ州の手打ちパスタのガルガネッリ（garganelli）で、筋入りの細長い形をしていることから、鳥類の食道、気管を指す言葉が語源とされています。

南イタリアのパスタのオレッキエッテ（orecchiette）は「小さな耳」を意味しています。もともとはセモリナ粉と水を練って作る手打ちパスタですが、乾燥させた市販品もよく目にします。その名の通り、指やフォーク、ナイフなどを使って小さな耳のような形に成形します。

マッケローニ・アッラ・キタッラ（maccheroni alla chitarra）はアブルッツォ州の手打ちパスタです。針金を何本も張ったキタッラ（イタリア語でギターの意味）と呼ばれる器具の上に薄くのばした生地をのせ、上から麺棒を転がして押し切ると、断面が四角いロングパスタになります。

正解 ☞ A

Q72 西洋料理・イタリア

イタリアワインのランクづけとして最高位にあるのはどれでしょう。

[A] A.O.C.
[B] D.O.C.
[C] D.O.C.G.

解説

イタリアでお酒といえば何といってもワイン(vino ヴィーノ)です。イタリアのワイン醸造は、紀元前2000年ごろにギリシャ人によって南部に伝えられて以来の長い歴史をもち、現在、20あるすべての州でワインが生産されています。

これらワインの品質を保持するため、イタリアでは法律による格づけが行われており、D.O.C.G.を最上位に、D.O.C.、I.G.T.、そしてテーブルワインのV.D.T.に分類されます。赤(rosso ロッソ)、白(bianco ビアンコ)、ロゼ、発泡性のスプマンテ(spumante)などの各種ワインはイタリア人の日常生活に欠かせません。世界的に名を馳せるD.O.C.G.ワインの代表は、ピエモンテ州のバローロ(Barolo)や、トスカーナ州のブルネッロ・ディ・モンタルチーノ(Brunello di Montalcino)。ほかに、格づけにとらわれない高級テーブルワインも数多く存在します。

ワイン以外にも、蒸留酒やリキュール類も食前酒や食後酒としてよく飲まれます。北部が主産地のブドウのしぼりかすを蒸留して作るグラッパ(grappa)、カンパーニア州のレモンリキュールのリモンチェッロ(limoncello)は日本でも特に有名です。

正解 C

Q73 西洋料理・スペイン

スペインのバルで、酒のおつまみとしてだされる、少量の料理のことを一般に何と呼ぶでしょう。

[A] トルティーリャ
[B] セルベサ
[C] タパス

解説

　スペイン人が食前酒を楽しむときに欠かせないのが、おつまみのタパス（tapas・単数形は tapa）。もともとはスペイン語で蓋を意味するタパに由来しています。いつごろからタパスと呼ばれるようになったかは定かではありませんが、よくいわれるには、酒に虫や砂が入らないように、蓋代わりにグラスにのせてだしたのがはじまりとか。バスクなどスペイン北部の都市では、パンにのせたおつまみを楊枝（pincho）で刺してとめていることが多く、ピンチョス（pinchos）と呼ばれています。
　昔はナッツ類やポテトチップス、オリーブや野菜のピクルス、アンチョビー、ハモン（jamón）と呼ばれる生ハム、腸詰のチョリソ（chorizo）など、加工品を皿にのせてだすだけの店も多かったようですが、近年では、トルティーリャ、またはトルティージャと呼ばれる平焼きオムレツ（tortilla）、イカの墨煮や魚介のフライ、肉の煮込みや串焼き、野菜のグリルなど、数々の料理が並んでいます。
　また、セルベサ（cerveza）とはビールのことです。

正解　☞　C

Q74 西洋料理・スペイン

「パエリア」をはじめとする米料理が有名なのはスペインのどの地方でしょう。

[A] バレンシア
[B] アンダルシア
[C] カタルーニャ

解説

　スペインでは米や米料理のことをアロス（arroz）といい、スペインの米どころでもあるバレンシア地方には多くの米料理があります。

　中でも有名なパエリア（Paella）（パエリャまたはパエジャと発音）は両手つきの浅鍋パエリェラ（paellera）を用いるところからついた料理名で、この鍋を使わない場合は、同じように調理してもパエリアとはいわず、アロスという名前になります。

　バレンシア伝統のパエリアは、鶏やウサギの肉、カタツムリ、インゲン豆やモロッコインゲンなどが入ったもの。ほかにも、魚介のパエリア、イカ墨入りの黒いパエリア、肉・魚介・野菜入りのパエリア、そして米ではなくパスタで作るフィデウア（Fideuá）など、さまざまなパエリアがあり、今やスペイン全土で食べられています。

　米料理は仕上がりの状態によって、パエリアのような水分のないアロス・セコ（arroz seco）、米の歯ごたえを残し、汁気のあるスープのようなアロス・カルドソ（arroz caldoso）、イタリア料理のリゾットのようなアロス・クレモソ（arroz cremoso）などに分けることができます。

正解　A

Q75 西洋料理・スペイン

スペインの冷たい野菜スープ「ガスパチョ」に欠かせない野菜はどれでしょう。

[A] トマト
[B] ニンジン
[C] ホウレンソウ

解説

　たくさんの生野菜を使い、飲むサラダともいわれるガスパチョ（Gazpacho）は、スペイン南部のアンダルシア地方の料理。

　トマトをベースに、ニンニク、タマネギ、ピーマン、キュウリなどを、水で戻したパンと一緒にピューレにし、酢、オリーブ油、塩で調味して冷たく冷やして作ります。暑く乾燥したアンダルシアの夏には最適です。

　非加熱の冷たいスープにはほかに、白いニンニクのスープ（Ajo blanco アホ ブランコ）があり、こちらもアンダルシア地方の名物。ニンニク、アーモンド、水で戻したパンなどをピューレにしたスープで、皮をむいたブドウ、メロン、リンゴがよく添えられています。

　ニンニクを使ったスープはほかにもスペイン各地にいろいろとあるようですが、特に有名なのはカスティーリャ・イ・レオン地方のソパ・デ・アホ（Sopa de ajo）。これは、大量のニンニクを炒めて、香辛料のパプリカで風味をつけ、かたくなったパンと一緒に水かブイヨンで煮込んだスープ。仕上げには卵を加えます。ローリエ、タマネギなどが入ることもあり、寒い季節には、身体を芯から温めてくれます。

正解　☞　**A**

Q76 中国料理

毛沢東の出身地として知られ、四川料理に匹敵する辛さで有名な地方料理はどれでしょう。

[A] 福建料理
[B] 雲南料理
[C] 湖南料理

解説

　中国には、四川の人々は辛いのを恐れず、湖南の人々は辛くないことを恐れるという意味の「四川人不怕辣、湖南人怕不辣(スーチュワンレンブゥパーラー、フゥナンレンパーブゥラー)」という言葉があります。湖南料理はトウガラシを多用することで知られ、その辛さは四川料理を凌ぐほどです。

　四川の辛さは、痺(しび)れるような辛さと形容され、その代表的な味が麻辣味(マーラーウェイ)(花椒とトウガラシの味)です。トウガラシ、花椒(中国ザンショウ)、豆瓣醤、酒醸などを使い、強烈な辛さの中にも甘味があります。一方、湖南は燃えるような辛さといわれ、トウガラシそのものを好み、甘味は少ないのが特徴です。湖南料理では酸辣味(スワンラーウェイ)(酢とトウガラシの味)が特徴のひとつです。

　トウガラシといえば、湖南省出身の政治家であり、革命家の毛沢東は無類の辛いもの好きだったようです。トウガラシを食べない者は革命的になれないと言ったとか‥‥。紅焼肉(ホンシャオロウ)(豚の角煮の湖南風)をはじめ、彼の好んだ料理は「毛家菜(マオヂャーツァイ)」として伝えられています。

　また、清末の政治家、左宗棠(ツォツォンタンディ)も湖南省の出身で、左宗棠鶏(さそうとう)(鶏肉のトウガラシ炒め)は彼が好んだ料理として、その名を冠したものです。

正解 ☞ C

Q77

中国料理

中国の麺は種類が多く、製法もさまざまです。小麦粉を鶏卵でこね、細く切った後に油で揚げて作る麺は次のうちどれでしょう。

[A] 炸醬麵（ヂャーヂャンミェン）
[B] 伊府麵（イーフゥミェン）
[C] 刀削麵（タオシャオミェン）

解説

　清代の書家、伊秉綬（いへいじゅ）が家の料理人に作らせた卵麺を伊府麺（または伊麺）といいます。伊府麺の作り方は、水はほとんど加えず、小麦粉と鶏卵で生地を練ります。そして細く切った麺を小分けし、油で揚げます。

　卵麺は生麺のような伸びと弾力はありませんが、揚げると特有の風味があっておいしいものです。また、生麺に比べて保存が効き、ゆでる時間も短く、インスタントラーメンの元祖といわれています。

　さて、伊府麺といえば広東、香港でよく食べられる乾焼伊麺（ガンシャオイーミェン）が挙げられます。この麺は、鍋に少なめのスープを入れ、醤油、オイスターソースなどで味を調え、ゆでた伊府麺、フクロタケを加えて軽く煮込み、仕上げに黄ニラを入れて手早く混ぜ合わせます。非常にシンプルな料理ですが、汁気は少なく、麺にはパスタの「アルデンテ」のようなコシが感じられます。

　なお、炸醬麺は日本で肉味噌そば、ジャージャーメンといわれる麺料理のこと、刀削麺は山西省が本場で、刃が湾曲した専用の包丁を使って生地を削って作る麺です。

正解 ☞ **B**

Q78 中国料理

アヒルを丸焼きにした北京ダックは世界的に有名ですが、この料理の中国語名は次のうちどれでしょう。

[A] 北京烤鴨（ベイチンカオヤー）
[B] 北京燻鴨（ベイチンシュンヤー）
[C] 北京焼鴨（ベイチンシャオヤー）

解説

世界的に有名な北京ダック、すなわち北京烤鴨の歴史は、明代まで遡（さかのぼ）ります。

明朝は当初、南京に都を定め、その後、北京に遷都しました。そのとき南京にあったアヒルを直火で焼くという技術が北京に伝えられたといわれます。従って、本来は北京ダックならぬ南京ダックだったというわけです。

北京ダックの特徴は、皮をおいしく、肉質をやわらかくするために強制肥育（填鴨（ティエンヤー）という）した北京鴨を使うところです。

北京にある北京ダック専門店では、それぞれ焼き方、味に違いがあります。全国的に知られている「全聚徳（ぜんじゅとく）」では、扉のない窯にアヒルを吊るして焼く、いわゆる「炙り焼き」の技法で掛炉烤鴨（グワルゥカオヤー）といいます。皮はパリッと焼けて香ばしく、肉と皮が離れ、ナツメの木などを燃料にするので独特の風味があります。また、老舗の「便宜坊（べんぎぼう）」では燜炉烤鴨（メンルゥカオヤー）といわれ、密閉式の窯（かま）にアヒルを吊るし、窯の中の熱で蒸し焼きにする方法です。焼き上がりは肉と皮は離れておらず、皮の焼き色は浅く、やわらかい肉質が特徴です。

正解 ☞ **A**

Q79 中国料理

「鮑参翅肚(パオシェンチートゥ)」は、中国料理で使う乾物4品の名称を結合させた成語です。干しアワビ、干しナマコ、フカヒレを指しますが、最後のひとつは何でしょう。

[A] 魚の皮
[B] 魚の唇
[C] 魚の浮き袋

解説

　中国や香港で乾物を扱う海味舗(ハイウェイプゥ)(海産物店)では「鮑参翅肚」という成語をよく見かけます。左から乾鮑(干しアワビ)(ガンパオ)、海参(干しナマコ)(ハイシェン)、魚翅(フカヒレ)(ユィチー)、魚肚(魚の浮き袋)(ユィトゥ)を指しますが、いずれも高級食材であり、海産物の中でも珍味といわれるものです。

　魚肚(ユィビャオ)は魚鰾ともいい、ニベ、シログチ(イシモチ)、ハモなどの魚からとり、板に貼りつけて乾燥させます。主な産地は中国沿岸および東南アジア各地の群島などですが、特に広東、海南島などで産する広肚(グワントゥ)(大型のニベの浮き袋)は質がよいといわれます。広肚を広東料理では一般的に花膠(ホワチャオ)といいます。中でも馬の鞍のような形をした肚公(トゥコン)(花膠公(ホワチャオコン)ともいう)は身が厚く、弾力に富んでいます。

　魚の浮き袋は水で戻して使いますが、特有の風味と粘りが特徴です。戻し方は、そのまま水に浸けて戻す方法と、油で揚げてから水で戻す方法があり、前者は白色でプリプリした食感になり、強い粘りがあります。後者は油で揚げるために大きく膨らみ、気泡ができるので水で戻したものとは異なり、粘りは弱く、ふわふわした食感が特徴です。

正解 ☞ C

Q80 中国料理

ピータンは中国語で皮蛋(ピータン)と書き、アヒルの卵の加工品として知られていますが、その別名で間違っているのはどれでしょう。

[A] 彩蛋(ツァイタン)
[B] 鹹蛋(シェンタン)
[C] 松花蛋(ソンホワタン)

解説

ピータンは皮蛋のほか、彩蛋、松花蛋、泥蛋(ニータン)などの別名があります。アルカリ成分によって卵のタンパク質が変成し、卵白は透明感のある茶色になり、卵黄は緑色っぽくかたまり、瑪瑙(めのう)のような層状になっています。また、卵白の表面には雪の結晶のような模様があり、これを中国では松枝花紋(ソンヂーホウウェン)(松の枝の模様)と表現します。ピータンが「松花蛋」といわれるゆえんです。

さて、最もおいしいといわれるピータンが溏心皮蛋(タンシンピータン)です。その特徴は、卵白は鼈甲色(べっこういろ)でやわらかく、卵黄の中心が完全にかたまらず、とろりとしています。ピータンは殻をむくと、硫化水素のようなにおいがありますが、切ってしばらくおくとにおいは和らぎます。冷菜のほか、点心の餡(あん)、粥(かゆ)に入れるなど幅広く使われます。

なお、鹹蛋は塩漬け卵のことで、表面を黒い色の灰で覆っています。殻を割ると卵黄だけがかたまり、卵白はかたまっていません。灰を取り除き、ゆで卵にして酒の肴、粥のおかずに。卵黄だけを取って、月餅の餡にも使います。

※ピータンの製法 一般的なピータンは、石灰、草や木の灰、塩、水を泥状にしてアヒルの卵を包み、籾殻(もみがら)をまぶして甕(かめ)に入れ、2～3カ月熟成させます。

正解 ☞ **B**

Q81 中国料理

中国では精進料理のことを何というでしょう。

[A] 回民菜（ホェイミンツァイ）
[B] 素菜（スゥツァイ）
[C] 清真菜（チンチェンツァイ）

解説

　中国では精進料理のことを素菜あるいは素食、齋菜などといいます。素菜の歴史は古く、漢代に仏教が伝来した後、南北朝時代に梁の武帝が素食を推奨して全国に広まりました。それ以前に道教でも不老長生の精神に基づき、健康食として素食が重んじられていたこともあり、一般的に根づいたといわれます。

　素菜では動物性の食材を一切使わないので、野菜類、キノコ類、豆腐などが主な材料となります。また、仏教、道教では、肉、鶏、魚のほか、ニンニク、ニラ、ネギ、ラッキョウ、香菜など香りの強い野菜も禁じています。

　現在、素菜は中国各地に点在する道教、仏教の寺院、民間の精進料理店などで食べることができますが、中国の素菜は、もどき料理の多さも特徴のひとつです。これは精進の食材を肉、鶏、魚などに似せて作るもので、素火腿（湯葉で作った精進ハム）など色、形、そして味までも本物と見間違うものもあり、大変精緻にできています。

　なお、回民菜、清真菜ともに中国の回教料理（イスラム料理）のことで、豚肉などの食物禁忌があります。

正解　B

Q82

中国料理

中国で竹蓀(チュウスン)、竹笙(チュウション)などといわれ、本来は竹やぶに自生するキノコは何でしょう。

[A] キヌガサタケ
[B] フクロタケ
[C] ヤマブシタケ

解説

　キヌガサタケは一般的に竹蓀といい、広東では竹笙と書きます。四川省などの竹林に自生するキノコで、軸は真っ白で空洞、成長すると網目のマントが傘の下から広がり、非常に優美な姿をしています。

　日本の竹林でもキヌガサタケを見かけることができますが、暗褐色をした傘の表面には悪臭を放つ粘液があるので、日本では食用には適さなかったといわれます。傘の粘液を洗い流すと無臭になり、中国では乾燥品を水で戻して食用にします。天然のキヌガサタケは色、形そして食感のよさが受け、高級食材として扱われますが、味はほとんど感じられません。また、人工栽培のものは軸の表面が粗く、マントの形もいびつで色も濃く、二級品になります。

　なお、フクロタケはわらを堆積させた菌床で栽培していたことから草菇(ツァオグゥ)といいます。食用にするのは、まだ傘が外皮膜に覆われている袋状のもので、日本では主に缶詰の水煮を使います。また、ヤマブシタケは、形が山伏の鈴縣衣(すずかけごろも)の結袈裟(ゆいげさ)についている飾りの玉に似ているので、その名があります。中国では、猿の頭に似ているので猴頭菇(ホウトウグゥ)とか猴頭蘑(ホウトウモー)といわれます。

正解 ☞ **A**

Q83 中国料理

中国ではハルサメのことを粉絲(フェンスー)、板ハルサメを粉皮(フェンピー)といいますが、その原料は何でしょう。

[A] 緑豆(りょくとう)
[B] ヒシの実
[C] ヤマイモ

解説

　中国のハルサメは、主に緑豆粉（緑豆デンプン）を原料として作られ、コシが非常に強く、長く煮ても溶けることはありません。山東省の龍口粉絲(ロンコウフェンスー)が有名です。戻し方は、半日ほど水に浸けておくだけです。熱湯で戻すと時間的には早いのですが、白く濁った感じになります。ハルサメは和え物をはじめ、煮込み、スープ、鍋物など幅広く料理に使われます。

　日本では板ハルサメといわれる粉皮も緑豆デンプンで作るものです。一般的な作り方は、緑豆粉を水で溶き、塩少量を加えて一晩おきます。粉と水がなじめば、上澄みの水を捨て、新たに水を加えます。よく溶いてからパイ皿（小さなバットでもよい）に流し入れ、1.5〜2mmの厚みで全体に薄く広げ、熱湯に浮かべます。生地に火が通って半透明になればパイ皿ごと熱湯に沈め、すぐに取り出して冷水に落とします。透明感のあるクレープ状のものをはがすと板ハルサメの完成です。コシの強さは異なりますが、片栗粉でも同様に作れます。板ハルサメの乾燥品も売られていますが、生のものは透明感があり、ツルンとした食感は格別です。

正解 ☞ A

Q84 中国料理

中国で火腿(フォトェイ)といわれる豚肉の加工品を日本では何というでしょう。

[A] 中国ベーコン
[B] 中国ハム
[C] 中国ソーセージ

解説

　火腿は、豚の骨付きモモ肉を1本のまま塩漬け、乾燥、熟成させたもので、日本では中国ハムといいます。また、ベーコンのように塩漬け、燻製したものは臘肉(ラーロウ)あるいは燻肉(シュンロウ)など、中国ソーセージは香腸(シャンチャン)のほか、臘腸(ラーチャン)ともいいます。

　さて、火腿は中国各地で作られ、中でも浙江省金華市の金華火腿(チンホワフォトェイ)はブランド品として知られています。金華火腿の原料は、頭と尾が黒い両頭烏(リャントウウー)ともいう金華豚で、皮が薄く、脂肪も少なく、非常に味のよい火腿になります。日本ではブロックに切り分け、加熱したものが真空パックで売られています。ほかに缶詰で、雲腿(ユントェイ)ともいわれる雲南省の宣威火腿(シュエンウェイフォトェイ)があります。

　中国では普通、火腿を生食することはなく、加熱して料理に使います。例えば、蜜汁火腿(ミーデーフォトェイ)は、火腿を塩抜きしてから薄切りにし、氷砂糖などと一緒に蒸したものです。台湾では市場でも売られていますが、湖南料理店で人気の高い料理です。また、火腿は中国料理のスープにも使われ、いわゆる日本料理の「カツオ節」の役目を担うものですが、旨味のほか、特有の風味があり、スープの色は赤みを帯びます。

正解 ☞ B

Q85 中国料理

日本で俗に「上海蟹」と呼ばれるのはどんなカニのことでしょうか。

[A] ワタリガニ
[B] ノコギリガザミ
[C] チュウゴクモクズガニ

解説

日本で通称、上海蟹というのは中華絨螯蟹（チュウゴクモクズガニ）のことで、一般的には螃蟹、生息場所によって湖蟹、河蟹などと呼ばれます。主に江蘇省などの海岸に近い湖、河川に生息していますが、いわゆる回遊性で産卵は汽水域、成長すると淡水域に再び戻ります。

特に、長江下流域の湖でとれるカニを大閘蟹といい、蘇州に近い陽澄湖産は高級品として取り扱われます。素人が一瞥して上海蟹の産地を判断するのは難しいのですが、小売市場では陽澄湖産を証明するために荷符（タグ）などをつけ、太湖などほかの湖のものと区別しています。なお、上海蟹は日本だけの呼び名で中国では通じません。

上海蟹のシーズンは、旧暦で「九月団臍、十月尖」といい、秋風が吹くころは蟹黄という卵をもった雌がおいしく、さらに寒くなると蟹膏という雄の白子が食べごろになります。いずれも肝臓などのみそと混ぜて食べると味に深みが出ます。雌雄の違いは、俗に「はかま（ふんどし）」といわれる腹部を見るとすぐに分かります。丸みのあるラインは雌、ラインの幅が狭く、尖った形をしているのが雄です。

正解 ☞ **C**

Q86 中国料理

小吃(シャオチー)の意味として正しいのは、どれでしょう。

[A] 小さく切り分けて食べること
[B] 腹八分目で控えめに食べること
[C] 料理店で手軽に食べる料理や軽食のこと

解説

　小吃とは、料理店で手軽に食べる料理や軽食のことを指し、酒の肴、簡単な料理、麺飯類、デザート類などをいい、広義には点心も含まれます。なお、点心(ティエンシン)は間食を意味する言葉でもあり、小さく精巧に形作られた餃子や焼売、菓子類などを指します。

　中国各地には地方独特の小吃があります。例えば、北京の豆汁(トウヂー)は緑豆の豆乳で作った発酵臭の強い飲み物で、酸味と少し甘みがあり、これと一緒にリング形をした揚げパンの焦圏(ヂャオチュエン)を朝に食べるのが、老北京(ラオベイチン)(北京っ子)といわれたものです。上海小吃では、南翔小籠饅頭(ナンシャンシャオロンマントウ)が知られています。いわゆる小籠包のことで、上海人は包子を饅頭といいます。その特徴は、皮が薄く、餡がやわらかく、中には熱いスープがたまっています。四川には、担担麺(タンタンミエン)、鍾水餃(チュンシュェイヂャオ)、龍抄手(ロンチャオショウ)(四川風のワンタン)などの小吃があります。

　一方、広東、香港では点心類が発達し、点心を除く簡単な食べ物は一般的に小食(シャオシー)といいます。小食店では各種の粥、雲呑麺などの麺類、米の粉で作るクレープ状の腸粉(チャンフェン)など数多くのものがあり、朝早くから夜遅くまで賑わっています。

正解　C

Q87 中国料理

胡麻（ごま）、胡桃（くるみ）、胡瓜（きゅうり）などは、いわゆる「張騫（ちょうけん）もの」といわれ、その昔、西域から中国に伝わったものです。その時代はいつごろだったでしょう。

[A] 漢代
[B] 唐代
[C] 宋代

解説

　中国で漢代は食文化のエポックメーキングの時代といわれます。それは漢代になって外地から新しい産物が大量に入ってきたからです。胡桃、胡瓜、胡麻、胡豆（ソラ豆）、胡蒜（大粒のニンニク）、胡荽（香菜）などで、いわゆる「張騫もの」といわれます。

　「胡」という文字は、中国から見て西側の外国、すなわち西域のことをいいます。例えば、胡食（こしょく）といわれるのは、主に西域の小麦粉製品などの食べ物です。葡萄（ブドウ）も「張騫もの」のひとつですが、中国語の読み方はペルシャ語またはギリシャ語の音訳といわれています。同じ「胡」のつくものでも、胡椒（コショウ）はインドから伝わったといわれます。

　「張騫もの」の経緯ですが、紀元前139年に張騫は漢の武帝に命ぜられ、匈奴（きょうど）を東西から挟撃（きょうげき）するために大月氏に使者として派遣されます。しかし、張騫は途中で匈奴に捕らえられ、10年余りも拘留された後、脱出に成功するも再び捕らえられ、その1年後にようやく漢に戻りました。このルートがシルクロードとなり、「張騫もの」といわれる産物が西域から中国に伝わったのです。

正解 ☞ **A**

Q88 中国料理

中国では、春節（旧正月）の餃子、端午節の粽（ちまき）など年中行事と食べ物には深い関係があります。では、中秋節に食べるものは何でしょう。

[A] 白玉団子
[B] 月餅（げっぺい）
[C] 上海蟹

解説

　中国では旧暦の8月15日は中秋節です。この日は1年で最も月が明るく、丸くなるといわれ、中国では、一家団欒（だんらん）の時を過ごし、月を愛でて月餅を食べます。また、お世話になった人や親戚などに月餅をプレゼントするのが慣例です。

　月餅の作り方は地方によってさまざまですが、一般的には生地を薄くのばし、各種の餡（あん）を包んで焼きます。広式（グワンシー）月餅は広東式の月餅で皮が薄く、抜き型の模様が浮き出るので美しい形をしています。餡も蓮蓉（リェンロン）（ハスの実）、豆沙（シャー）（小豆）、五仁（ウーレン）（5種類の木の実）、火腿（フオトェイ）（中国ハム）など甘味だけでなく、塩味のものもあり、バラエティーに富んでいます。生地がしっとりするまで時間をおいてから食べます。また、蘇州式の酥皮月餅（スゥピーユエピン）は、折り込みパイ生地を使い、広式月餅と違って温かいうちがおいしいといわれます。

　近年は月餅も多様化し、餡もマンゴー風味のもの、カスタードクリーム入りなど新しいバージョンも増え、また、チョコレートやアイスクリームの月餅もあって若い人たちに喜ばれています。いずれにしても月餅は中秋節には欠かせない食べ物なのです。

正解　B

Q89 中国料理

中国古代の思想家、孟子(もうし)は「魚も○○も好むところだが、どちらかひとつといわれれば○○をとる」と言いました。では、この○○とは何でしょう。

[A] 熊掌(シオンヂャン)(熊の手のひら)
[B] 鹿筋(ルゥチン)(鹿のアキレス腱)
[C] 駝峰(トゥオフォン)(ラクダのこぶ)

解説

中国の戦国時代の思想家として知られる孟子は、「魚は我が欲するところなり、熊掌もまた我が欲するところなり。二者共に得ることができないならば、魚を捨てて熊掌をとるものなり。」といいました。これは魚を自分の命、熊掌を義に喩(たと)え、どちらも大切だが、ひとつをとるなら孟子は義を選ぶといったのです。

また、『春秋左氏伝(しゅんじゅうさしでん)』によると、楚の成王が息子の商臣(しょうしん)(のちの穆王(ぼくおう))に謀反を起こされ、取り囲まれたときに、今生の願いに熊掌の煮物を食べたいと申し出ましたが、この願いは聞き入れられませんでした。その意図は熊掌の料理は長時間を要するので、窮地を凌ぐための時間稼ぎだったといわれます。ほかに、晋の霊公は暴君で名高く、熊掌に十分に火が通っていなかったという理由で、命を絶たれた料理人もいたとか。このようなエピソードからも熊掌が古代より美味なるものとして食べられてきたことが分かります。

中国には、古くから八種類の珍しい食材や美味な料理を抜粋し、「八珍(バーチェン)」と称しました。八珍の内容と解釈は、年代によって異なりますが、熊掌、鹿筋、駝峰などが見られます。

正解 ☞ **A**

Q90 中国料理

中国料理ではスープのことを「湯(タン)」といいますが、白く濁った濃厚な味のスープを何というでしょう。

[A] 上湯(シャンタン)
[B] 奶湯(ナイタン)
[C] 清湯(チンタン)

解説

　中国には「唱戯的腔、廚師的湯(チャンシィドチャン、チュウシードタン)(役者の喉、料理人のスープ)」の喩えがあり、料理の土台となるスープの味は重要です。スープの主な材料は鶏肉、豚肉、アヒル、鶏や豚の骨、火腿(フオトェイ)(中国ハム)などですが、精進料理ではモヤシ、シイタケ、昆布などからとります。

　スープの種類は、澄んだスープの清湯と、白く濁ったスープの奶湯に大別されます。奶湯は白湯(バイタン)ともいわれ、鶏肉、アヒル、豚の骨、豚の脂身などを強火でグラグラと煮立たせ、長時間かけてとり、乳白色のでき上がりになります。奶湯は、濃厚な味を生かし、白菜、フカヒレ、魚の浮き袋など持ち味の少ない材料の煮込み料理、スープ料理などに使います。

　一方、豚肉、鶏肉などを静かにコトコトと煮込んで作るのが清湯です。でき上がりは透明感があり、あっさりとした味になります。高湯(ガオタン)、上湯(シャンタン)など味のよい高級な清湯は、持ち味の少ない海ツバメの巣やフカヒレのスープには欠かせません。一般的な清湯は、鶏の骨、豚の骨などを用いてとります。これを毛湯(マオタン)、二湯(アルタン)などといいますが、料理全般、湯麺(タンミェン)(汁そば)など幅広く使われます。

正解 ☞ **B**

Q91 中国料理

中国料理には欠かせない香菜(シャンツァイ)を指す言葉で間違っているのはどれでしょう。

[A] ローリエ
[B] コリアンダー
[C] パクチー

解説

　香菜は芫荽(イェンソェイ)ともいい、鮮明な緑色と強い香りが特徴です。日本では中国パセリ、コエンドロともいいますが、現在は香菜と呼ぶのが一般的になりました。英名でコリアンダー、タイではパクチーといわれ、その特有の風味は好き嫌いもありますが、中国、東南アジア、インドなどで幅広く使われています。

　中国料理には香菜の風味を生かした料理が数多くあります。特に、北方の涮羊肉(シュワンヤンロウ)(しゃぶしゃぶ)、烤羊肉(カオヤンロウ)(焼き肉)、葱爆羊肉(ツォンパオヤンロウ)(羊肉のネギ風味炒め)などの羊肉料理には不可欠といわれ、その強い香りでクセを和らげ、肉の味を引き立ててくれます。また、塩爆(イェンパオ)は芫爆(イェンパオ)ともいい、この技法には必ず香菜が使われます。塩爆の手順は、まず材料を湯通しし、次に高温の油にくぐらせ、最後に香菜と調味料を加えて強火で手早く炒めます。香菜の色と香りを生かし、塩味でさらっとした仕上がりが特徴です。代表的な料理に塩爆魷魚(イェンパオヨウユィ)(イカの花切り炒め)、塩爆牛肚(イェンパオニュウトゥ)(牛の胃袋の炒め)などがあります。ほかに冷菜、スープ料理、粥などに香菜を添えると、それだけで中国料理らしさが漂ってきます。

正解 ☞ **A**

Q92 中国料理

中国の卵料理は花の名前で形容することが少なくありません。その名称は次のどれでしょう。

[A] 葵花(クェイホワ)（ヒマワリの花）
[B] 蘭花(ランホワ)（ランの花）
[C] 桂花(クェイホワ)（キンモクセイの花）

解説

中国料理では、花の名称を冠した料理名が少なくありません。牡丹酥(ムゥタンスゥ)(牡丹の花形パイ)、菊花魚(デュイホワユイ)(魚の菊花形揚げ甘酢あんかけ)、葵花豆腐(クェイホワトウフ)(豆腐のヒマワリ形蒸し)などは、その形から名づけられたものです。

卵料理は、黄色あるいは白色を花で形容します。鶏卵は鶏蛋(ディタン)と書きますが、中国では「蛋」の意味がよくないので、それを避けるためといわれます。例えば、桂花、木犀(ムゥシィ)はキンモクセイの花、すなわち黄色を意味し、桂花魚翅(クェイホワユイチー)(フカヒレと卵の炒め物)、木犀湯(ムゥシィタン)(卵スープ)などがあります。

また、卵白を使った料理には、芙蓉(フゥロン)、荷花(ホーホワ)、蓮花(リェンホワ)などを用います。いずれも、ハスの花のことで、白色を意味します。例えば、北京の名菜には芙蓉鶏片(フゥロンディピェン)という料理があります。これは鶏のささみをつぶし、卵白でやわらかくのばし、きれいな油にくぐらせてから炒めたもので、真っ白に仕上げます。日本でおなじみの芙蓉蟹(フーヨウハイ)は、本来はカニと卵白を炒めますが、鶏卵を使ったものもあり、混同されています。

正解 ☞ **C**

Q93 中国料理

中国料理では、よく水溶き片栗粉を使ってとろみをつけます。では、煮込み料理の場合、どのようにしてとろみをつけるとよいでしょう。

[A] とろみをつけてから長く煮る
[B] とろみをつけてひと煮立ちさせる
[C] グラグラと煮立っている中に水溶き片栗粉を入れる

解説

中国料理を作るときのポイントに、水溶きの片栗粉でとろみをつける操作があります。炒め物、あんかけ、煮込みなど料理によってとろみの濃さ、とろみをつけるタイミングなどは異なりますが、味に厚みをもたせる、舌ざわりをなめらかにする、材料と調味料、あるいは料理と煮汁を一体化させる、冷めにくくするなどが目的です。

例えば、麻婆豆腐などの煮込み料理では、煮汁が軽く煮立っている状態で水溶き片栗粉を少量ずつ加えます。煮汁が沸騰しているとデンプンがすぐに糊化※し、再び沸騰するまでの時間が短く、料理の温度を高く保てるからです。料理全体に適度なとろみがつけば火を強め、煮汁が再び沸騰すれば火を止め、すぐに盛りつけます。

注意する点は、煮汁をグラグラと煮立てないことです。煮立っている中に水溶き片栗粉を入れると一部だけが急激に加熱されてダマができやすくなるからです。また、とろみをつけて長く加熱すると、逆にとろみが失われてしまい、水っぽくなります。

※**糊化（こか）** 水分を含んだデンプンは加熱すると糊状になります。この変化を糊化といいます。片栗粉はなめらかで、透明度が高く、中国料理などの熱い料理に向きます。

正解　B

Q94

中国料理

中国の調理法で「凍(トン)」といわれるのは、どれでしょう。

[A] 冷たくした材料を和えること
[B] 冬に冷たい風で乾燥させること
[C] 寒天やゼラチンなどで冷やしかためること

解説

「凍」は、豚の皮、牛筋などに含まれている膠質(にかわしつ)あるいは寒天などを煮溶かし、冷やしかためる調理法で、いわゆる「煮凝(にこご)り」を作る方法を指します。現在では、ゼラチン、寒天などを用いてゼリー状にかためるのが一般的です。凍の技法は、凍鶏(トンヂィ)(鶏肉のゼリー寄せ)などの前菜および杏仁豆腐(シンレントウフ)など冷たいデザートに多く見られます。

ゲル化剤として一般的な寒天とゼラチンは、その使い方に違いがあります。例えば、棒寒天の場合は水に浸けて戻し、溶液に加えて煮溶かし、ダマができないように漉します。寒天の寄せ物は、型に流して常温でかためることができます。でき上がりは粘りが少なく、もろい口あたりが特徴です。

一方、ゼラチンは50～60℃の低い温度で溶かします。板ゼラチンの場合、冷水に浸けて戻し、温めた溶液に入れて溶かします。できるだけ低温で溶かし、沸騰させないことがポイントです。次に、溶液は氷水などで冷やしながら濃度を確かめ、型に流します。常温ではなく、必ず冷蔵庫に入れて冷やしかためます。透明感、粘りがあり、やわらかい口あたりが特徴です。

正解 ☞ C

Q95 中国料理

「サツマイモの飴煮」などの調理法で、飴が粘って糸を引く状態を指す言葉はどれでしょう。

[A] 掛霜(グワシュワン)
[B] 蜜汁(ミーヂー)
[C] 抜絲(パースー)

解説

抜絲は、主として甘い料理に用いられる調理法で、小さな材料、あるいは材料を小さく切って油で揚げ、飴に絡ませる技法をいいます。材料を箸などで引き離すと飴が糸を引くところから名づけられたものです。北京、山東料理が得意とする調理法で、日本では「サツマイモの飴煮」などが知られています。芋類、木の実など水分の少ないものは素揚げに、水分の多いフルーツ類などは衣揚げにして飴と絡ませます。

飴を作る方法には、いくつかあります。ひとつは水、砂糖を煮溶かし、煮詰める方法で、もうひとつは水、砂糖、油を混ぜて煮詰め、飴にする方法です。水の一部を油に変えると早く温度が上がり、比較的短時間で飴を作ることができます。中国料理店では、後者の方法を用いるのが一般的です。ポイントは、糖液を150℃くらいまで加熱し、ガラス状の飴にすること。カラメル状になると苦味が出るので注意しましょう。

掛霜は粘糖(チャンタン)ともいい、水、砂糖を煮溶かしますが、糖液を115℃くらいまで熱し、混ぜながら急激に冷まして細かい砂糖の結晶にします。蜜汁はシロップで材料を煮たもので、主に根菜類、フルーツ類を用います。

正解 C

Q96 中国料理

中国の揚げ物では、衣にベーキングパウダーを加えることがあります。その方法で正しいものはどれでしょう。

[A] ベーキングパウダーを加え、しばらく休ませてから使う
[B] ベーキングパウダーを加え、混ぜたらすぐに使う
[C] ベーキングパウダーを水で溶き、しばらくしてから衣を作る

解説

中国語で衣のことを糊(フゥ)といい、衣をつけることを掛糊(グワフゥ)といいます。中国料理の衣は種類が多く、用途に応じて使い分けますが、小麦粉あるいは小麦粉と片栗粉を混ぜた中に水を加えて混ぜ、よく練って作るのが基本です。

基本の衣に、ベーキングパウダーや重曹を加えると、ふんわりと膨らみ、やわらかい食感になります。さらに油を加えると、揚げたときにサクッとした歯切れのよさが生まれます。ベーキングパウダーは重曹（炭酸水素ナトリウム）を主成分としたものです。重曹は加熱すると黄色くなり、独特のにおいが残りますが、ベーキングパウダーはその改良型といえるもので、風味がやわらかく、色の変化がありません。

衣を作るときは、小麦粉とベーキングパウダーを一緒にふるいにかけて空気を含ませ、それから水を加えて練ると膨らみが均一になり、軽い感じに揚がります。油を加える場合は最後に入れて混ぜます。ベーキングパウダーを加えて作った衣は、常温でもガスが発生する可能性があるので、すぐに使います。一方、重曹は加熱しないと反応しないので衣を休ませることができます。

正解 ☞ B

Q97 中国料理

一般的に中国で寿宴（ショウイェン）といわれる祝宴の目的は何でしょう。

[A] 結婚を祝う
[B] 誕生を祝う
[C] 出世、栄転を祝う

解説

中国で宴席は、宴席（イェンシィ）、筵席（イェンシィ）などといい、一般的には酒席（チュウシィ）と呼ばれます。中国語の「燕（イェン）」には「ツバメ」のほか、「宴（イェン）」の意味もあり、昔は宴会のことを燕会（イェンホェイ）（讌会（イェンホェイ））とも称しました。

宴席は、その目的によって呼称も異なり、料理の内容も変化します。慶事の宴席を総称して喜宴（シィイェン）といいますが、一般的には婚宴（フンイェン）（結婚祝いの宴）のことを指します。喜宴では招待状、テーブルの飾りなども、めでたい色の紅色を基調にし、非常に華やかな演出が施されます。料理の内容は地方によって若干異なりますが、縁起のよい料理名を用いることも必要です。鴻運乳猪（ホンユンルゥヂュウ）（子豚の丸焼き）、百年好合（バイニェンハオホー）（ハスの実と百合根のデザート）などは、婚礼の料理として知られています。

寿宴は子供の誕生、親の長寿を祝う宴で、家族にとって大事な宴席です。メニューには、長寿麺（チャンショウミェン）（各種の麺料理）、寿桃（ショウタオ）（桃形まんじゅう）が欠かせません。麺や桃は長寿を象徴するものです。

そのほか、年中行事のイベントでは春節宴（チュンヂェイェン）（正月の祝宴）、中秋宴（チュンチュウイェン）（月見の宴席）などがあります。

正解 ☞ **B**

Q98 中国料理

中国料理で炒め物を盛りつけるときの基本となる方法はどれでしょう。

[A] 器（皿）の中央に料理を小高く盛りつける
[B] 器（皿）全体に料理を広げて盛りつける
[C] 器（皿）に空間をもたせて料理を盛りつける

解説

中国の古語に「美食は美器に如かず」という言葉があります。清代に『随園食単』を著した袁枚は、その言葉を引用し、高価な材料を使った料理は大きな器に盛り、安価なものは小さな器を使うなど、器と料理のバランスについて述べています。

さて、炒め物の盛りつけは、器の中央に小高く積み上げて盛るのが基本です。短時間で炒めるという料理は、材料を小さく切る、あるいは小さな材料でなければなりません。従って、ひと皿に人数分をまとめて盛る方法は手早く、合理的といえます。また、炒め物をひとまとめに盛ると冷めにくく、ボリューム感も出て、取り分けるのも簡単です。器全体に料理を分散すると冷めやすく、料理の高さも出ず、形の整わない盛りつけになります。

最近の中国料理では、懐石風に一人分ずつ盛ってだす方法も増えてきましたが、古代中国では銘々膳が普通でした。唐代になって高足の椅子と食卓で食事することが広まり、徐々にひとつに盛った料理を各自が取り分けるというスタイルに変化したといわれます。小さな器から大きな器に盛る方法になり、中国料理の形が確立したのです。

正解　A

Q99　中国料理

一般的な豆腐乳(トウフウルウ)(腐乳(フウルウ))は、白いもの、赤いものに大別されます。赤いものを何というでしょう。

- [A] 紅糟(ホンザオ)
- [B] 腐竹(フゥデュウ)
- [C] 南乳(ナンルゥ)

解説

豆腐乳は、一般的に腐乳といわれ、豆腐を発酵させ、塩、調味料などを加えて漬け込んだものですが、一般的には白色と赤色のものに大別されます。

白色の腐乳は、塩気が多く、においの強いチーズに似ています。これを北京などでは醤豆腐(チャントウフ)といいます。一方、紅麹を加えて作る赤いものは紅腐乳(ホンフウルウ)、紅方(ホンファン)、あるいは広東地方では南乳(ナンルゥ)といい、塩辛い中に甘味と麹臭さがあります。そのほかトウガラシを加えた辣椒(ラーチャオ)腐乳、強烈なにおいのする臭豆腐(チョウフウルウ)など、いろいろな味の腐乳が中国各地で作られています。なお、「豆腐よう」は、腐乳の製法が沖縄に伝わったものといわれます。

腐乳は酒の肴や粥のおかずに、そのまま食べることができます。また、裏漉しして調味料のひとつとしても使います。例えば、野菜を腐乳、ニンニク、トウガラシなどで炒めた広東料理の腐乳炒通菜(フゥルゥチャオトンツァイ)(空芯菜の腐乳炒め)、腐乳炒生菜(チャオションツァイ)(レタスの腐乳炒め)などは風味があっておいしいものです。北京の涮羊肉(シュワンヤンロウ)のタレにも、腐乳は欠かせません。ちなみに、紅糟は赤い米麹、腐竹は湯葉の乾燥品を指します。

正解　☞　C

Q100

中国料理

中国では箸のことを何というでしょう。

[A] 叉子（チャーヅ）
[B] 筷子（クワイヅ）
[C] 匙子（チーヅ）

解説

　箸の歴史は古く、すでに殷代にはあったといわれます。その材質は動物の骨からはじまり、象牙製、銅製、竹製などがあり、銀製、紫檀製の箸も作られました。当初、箸の役割は主に羹（スープ料理）の具をとるための道具でした。古代の中国は手食が一般的であり、ご飯は匙でも食べられていたといいます。その後、漢代になると箸が一般にも普及し、唐代には箸と匙が食卓に並べられるようになりました。

　現在、中国の食卓では箸を縦に置くのが一般的ですが、昔は横に置いていました。箸を縦に置くのは、食事にナイフを用いる遊牧民族の影響ともいわれますが、宋代になって銘々膳から大皿料理に変化し、自分の箸で料理をとるのに便利だからともいわれています。

　現在、中国では箸のことを口語で「筷子」といいますが、昔は「箸」（チュウ）といいました。しかし、箸は「住」を連想し、停まるに通じて船が動かないなど縁起のよくない意味になり、逆の速いという意味の「快」（クワイ）から「筷」に改めたといわれます。この名称を使うようになったのは、明代のことです。なお、叉子はフォークまたはフォーク状のものを指します。

正解 ☞ **B**

Q101　野菜

ウドは東京を代表する伝統野菜となっていますが、次のうち主産地はどこでしょう。

[A] 立川
[B] 荒川
[C] 浦安

解説

　ウドには自生している天然物と栽培物があります。天然物は、採取場所や採取時期によりサイズや色合いが異なり、また採取量も少なく、市場では山ウドと呼ばれますが、出回るのはまれです。

　栽培物には軟白栽培された軟白ウドと、畑で露地栽培された緑化ウドなどがあります。

　軟白ウドは光を当てずに作られます。地域によって栽培法が異なり、それぞれの地域の伝統野菜となっているものもあります。例えば、主にウド小屋で地下茎に干し草やわらなどをかぶせ、その発酵熱を加えて栽培される大阪の「三島ウド」、盛り土法で栽培される京都の「桃山ウド(京ウド)」、地下の穴蔵や半地下の室(むろ)で栽培される東京の「東京ウド」などがそれです。

　東京ウドの主産地である立川市周辺は、関東ローム層が厚く、その中に作った穴蔵は軟白栽培に最適といわれ、「立川ウド」の名で知られています。

　緑化ウドは市場で山ウドと称して出回ることが多々あります。天然物と同様に芽先が濃い緑色で、軟白ウドに比べて丈が短いのが特徴です。

正解　☞　A

Q102 野菜

パセリの香気成分は次のどれでしょう。

[A] プロパンチオール
[B] アピオール
[C] シトロネラール

解説

　パセリはセリ科植物で、香味野菜のひとつです。日本ではオランダ人によって持ち込まれたという説から、オランダゼリの別名があります。

　日本で一般にパセリといえば、主に葉を食用とする、葉が縮れているちりめん葉種を指しますが、葉に縮れのない平葉種も、イタリアンパセリの名で出回っています。

　パセリは日本各地で生産されており、中でも千葉県や長野県、静岡県などが盛んで、市場に多く出荷しています。

　パセリがもつ特有の芳香はアピオールという香気成分によるものです。これは不揮発性油なので、そのままににおいをかいでもあまり分かりませんが、葉などを食べると香味を強く感じます。パセリは生鮮品以外に乾燥品も多く利用されますが、香りは乾燥品の方が弱くなります。パセリの仲間には、日本ではあまり見かけませんが、オーストリアやドイツ、ハンガリー、ロシアなどに、ニンジンのような形の肥大した白い根を食用とするハンブルグパセリというものがあります。

　なお、プロパンチオールはタマネギなどに、シトロネラールはサンショウなどに含まれる香気成分です。

正解　B

Q103

キノコ

輸入マツタケが増加していますが、全体的に大ぶりで色が白っぽいマツタケといえば、次のどれでしょう。

[A] モロッコ産マツタケ
[B] 韓国産マツタケ
[C] カナダ産マツタケ

解説

マツタケはアカマツ林によく生えますが、クロマツ、ハイマツなどほかの松林にも見られます。マツタケの菌糸は松の根に共生して広がるので、その周辺に輪状に発生し、場所は毎年移動します。

松林の減少などにより国産物が激減。人工栽培できないため、今では世界各国から国産物の芳香に近いものが輸入されます。特有の芳香成分はマツタケオールです。また、流通では親指サイズのものをコロマツタケと呼び、区別されます。

輸入物は現在大きく3グループに分けることができます。まずは、国産物によく似ていて出回り量の多い中国や韓国産と、最近入荷しはじめたトルコやスウェーデン、フィンランド産などのグループ。次に、全体的に大ぶりで色が白っぽいカナダやアメリカ、メキシコ産などのグループ。最後に、全体的に小ぶりなモロッコ産などのグループ。これはアトラスシーダーというマツ科のヒマラヤスギの仲間の木に発生します。

原産国により芳香や肉質に違いはありますが、現在わが国で流通しているマツタケはキシメジ科に属します。

正解 ☞ C

Q104

果物

日本で交配され、昔は「パイオニア」とも呼ばれていたブドウといえば次のどれでしょう。

[A] 巨峰
[B] ネオ・マスカット
[C] ピオーネ

解説

ブドウはヨーロッパ系とアメリカ系に大別されます。世界的には加工用の栽培が盛んで、ワインなどの醸造用ではカベルネ・ソーヴィニヨンやメルロー、リースリング、シャルドネなど、レーズン用にはトムソン・シードレスやブラックコリンスなどを使用します。

日本では生食用の栽培が盛んで、風土に適したアメリカ系が主でしたが、現在はヨーロッパ系との雑種など品種改良の進んだものが中心です。

巨峰は日本で作り出され、紫黒色の大粒種で糖度が高く、米国やチリなどでも栽培されています。ピオーネも紫黒色の大粒種で糖度が高く、当初パイオニアと命名され、後にピオーネと改められました。デラウェアは赤褐色の小粒種で糖度が高い品種です。

マスカット・オブ・アレキサンドリアはヨーロッパ系で黄緑色の大粒種。特有の芳香があり、日本では温室栽培され高級ブドウの代表品種です。これに薄黄緑色の甲州三尺を交配したものがネオ・マスカットです。

輸入物の主力はレッドグローブ。赤色の大粒種でチリや米国からほぼ年中入荷します。またブドウはジベレリン処理すると種無しになります。

正解 ☞ C

Q105　果物

日本で栽培されている中国ナシの中で存在しないものはどれでしょう。

[A] 鴨梨
[B] 龍梨
[C] 慈梨

解説

日本では日本ナシ（和ナシ）以外に中国ナシや西洋ナシが栽培されています。日本ナシや中国ナシは果肉に石細胞を多く含むため、シャリシャリとした食感でサンドペアともいい、西洋ナシはなめらかな食感でバターペアともいいます。また、西洋ナシや中国ナシは収穫後、追熟します。

日本ナシは果皮の色により、クチクラ層に覆われている薄緑色の青ナシと、コルク層が発達した茶褐色の赤ナシに大別されます。青ナシには二十世紀などがあり、赤ナシには長十郎や「三水」と呼ばれる幸水、豊水、新水、大型の新高、晩三吉、愛宕などがあります。輸入品は韓国から、また逆に日本から香港などに輸出もされています。

日本における中国ナシの生産量はごくわずかですが、西洋ナシ型の慈梨（ツーリー）や鴨梨（ヤーリー）、日本ナシ型の紅梨（ホンリー）が長野や岡山などから出荷されます。

西洋ナシはラ・フランスやバートレット（別名ウィリアムズ）、ル・レクチェ、シルバーベル、ゼネラル・レクラークなど約20種が山形を中心に東北、北海道、長野、新潟などで作られています。

正解　☞　B

Q106 果物

次の中で渋柿とされるものはどれでしょう。

[A] 次郎
[B] 西条
[C] 富有

解説

柿は日本の風土に適した果実で、受粉しなくても果実ができる単為結果性が見られます。大きく甘柿と渋柿に分けられ、さらに渋の抜け方により次のように分けられます。

熟すと渋が抜ける富有や次郎などの完全甘柿。富有は生産量１位です。種子ができると渋が抜ける西村早生や筆柿などの不完全甘柿。

渋柿には、種子の有無に関係なく渋い西条や愛宕などの完全渋柿と、種子ができるとその周囲が甘くなる不完全渋柿があり、後者の代表は生産量２位の平核無※や甲州百目などです。

渋は水溶性のタンニンによるもので、これを不溶性に変えると舌で渋味を感じなくなります。この操作を行うことを渋抜きといいます。果肉にあるゴマ状の褐斑が不溶性タンニンです。

渋抜きには現在主流のドライアイスを用いた炭酸ガス脱渋法のほか、アルコールを用いたアルコール脱渋法、湯に浸ける湯抜き法などがあります。また時間はかかりますが、皮をむいて干し柿（串柿や吊るし柿、ころ柿、あんぽ柿など）にすると渋が抜けます。

※平核無　柿は普通染色体が6倍体だが、平核無は9倍体なので、種子が退化して種無しになる。

正解　B

Q107

果物

果皮に毛がなく、油桃・椿桃ともいわれるモモは次のどれでしょう。

[A] 蟠桃（ばんとう）
[B] ゴールデンピーチ
[C] ネクタリン

解説

モモは中国原産。日本では古くは観賞用（ハナモモ）で、現在食用に栽培しているものは、明治期に中国から導入した先端が丸い上海水蜜桃（しゃんはいすいみつとう）と、桃太郎の桃のように先端が尖っている天津水蜜桃（てんしん）、そして欧米から導入された品種などを改良したものです。

モモ類は果皮に毛があるものをモモ、ないものをネクタリンと区別し、モモには球形のものと扁平形の蟠桃があります。それぞれ果肉の色で白肉種と黄肉種に、また果肉と核が離れにくいものを粘核種、離れやすいものを離核種と区別することもあります。

モモの白肉種には、岡山県で発見された白桃（はくとう）やそれを親に交配した白鳳（はくおう）、あかつきなどが、黄肉種には黄金桃（おうごんとう）（別名ゴールデンピーチ）のほか、缶詰専用品種もあります。

蟠桃の白肉種には大紅蟠桃（だいこう）などが、黄肉種にはフェルジャルなどがあります。

ネクタリンはモモより小ぶりで、ズバイモモともいい、油桃、椿桃などの別名もあります。白肉種にはプリタやサマークリスタル、反田（そった）などが、黄肉種にはファンタジアやフレーバートップ、秀峰などがあります。

正解 ☞ C

Q108 果物

アメリカンチェリーの中で、レーニアは白肉種ですが、赤肉種は次のどれでしょう。

[A] ビッグ
[B] ビーチェ
[C] ビング

解説

サクランボは桜桃の果実のことで、大きく3系統に分類できます。まず、市場に出回り甘味が強く、主に生食用にされる西洋実桜の系統。これは甘果桜桃やスイートチェリーと呼ばれます。2つ目は、市場では目にしませんが、酸味が強く主に加工用の酸実桜の系統。これは酸果桜桃やサワーチェリーと呼ばれます。最後に、主に観賞用ですが、小粒の果実が生食用にもなる支那実桜の系統。これは中国桜桃と呼ばれます。

日本で主に栽培されているのは甘果桜桃で、果肉が白い白肉種です。当初は生食にも缶詰などの加工にも向くナポレオン(別名ロイヤル・アン)が生産量1位でしたが、大正時代に、甘味と酸味のバランスのよい佐藤錦が誕生して山形県を中心に多く栽培され、1990年ごろその座を譲りました。そのほか高砂、南陽、月山錦などがあります。

輸入物ではアメリカンチェリーと呼ばれる米国産が大半を占めています。

代表品種は、果肉が赤い赤肉種のビングです。そのほか白肉種のレーニア、それらの交配種のブルックスなどがあります。

正解 C

Q109 魚介

たたみいわしの原料とされるイワシは、次のどれでしょう。

[A] マイワシ
[B] カタクチイワシ
[C] ウルメイワシ

解説

市場で流通しているイワシ類はマイワシ、ウルメイワシ、カタクチイワシに大別されます。また2cmほどの白いものを稚魚、3〜5cmの白銀色のものを幼魚と呼びます。

マイワシは体側に黒い点がほぼ一列にあり、「ナナツボシ」とも呼ばれています。サイズによって小羽、中羽、大羽に区分され、さらに関西では小羽より小さいものをヒラゴと呼んでいます。旬は地域により異なりますが、一般には産卵前で秋ごろ。関東では梅雨に旬を迎え、入梅イワシと呼ばれます。

また、眼が大きく潤んだように見えるウルメイワシの旬は春ごろ。ほかのイワシに比べて脂が少なく、多くはメザシなどの干物や雑節の原料になります。

カタクチイワシの旬も春で、その多くは加工されます。稚魚では、生を板状に干したものが「たたみいわし」、ゆでたものが「釜揚げしらす」、それを干したものが「しらす干し（関西ではちりめんじゃこ）」。幼魚では、素干ししたものが「田作り（ごまめ）」、煮て干したものが「いりこ」です。いりこは本来カタクチイワシですが、マイワシやウルメイワシが使用される場合もあります。

正解 B

Q110 魚介

アワビの説明で正しくないものはどれでしょう。

[A] アワビ類は巻き貝のミミガイ科に属する
[B] トコブシは小型のアワビ類である
[C] アワビは北海道以北で収穫される

解説

アワビ類は巻き貝でミミガイ科に属します。孵化したてはらせん形の殻と蓋がありますが、成長とともに巻きの低い皿状の貝殻になり、蓋がなくなります。

大型のアワビ類をアワビ、小型のそれをトコブシと呼び、区別します。どちらも海藻を餌とし、餌の種類により貝殻の色は異なります。沿岸の岩礁域に生息し、夜行性です。

雌雄は生殖腺の色で判別でき、大型は緑色が雌、淡黄色が雄、小型は赤褐色が雌、淡黄色が雄です。貝殻には孔が並び、大型では盛り上がった孔のうち4～5孔に、小型では平らな孔のうち5～7孔に穴が開いています。

日本に生息し食用となる大型には、寒海性で茨城、山形県以北から北海道に生息するエゾアワビ、暖海性で関東、新潟県以南から九州に生息するクロアワビ、メガイアワビ、マダカアワビなどが、小型には北海道南部から九州に生息するトコブシ、伊豆諸島や沖縄などに生息するフクトコブシがあります。

オーストラリア、南アフリカ共和国、アメリカからの輸入物も出回っています。加工品には、水煮や味つけ煮、中国料理の高級食材の干しアワビ、日本古来の「のしアワビ」などがあります。

正解 ☞ C

Q111

魚介

アカガイと同じ仲間でアカガイの缶詰にも用いられて、コアカとも呼ばれる貝は次のどれでしょう。

[A] ハイガイ
[B] サルボウ
[C] バカガイ

解説

　アカガイは二枚貝で殻表に放射状の筋が42〜43本あります。身が赤いのは血液にヘモグロビン色素をもつため。旬は冬から春先。日本沿岸の内湾泥底に生息し、陸奥湾や仙台湾、東京湾、瀬戸内海、有明海などで多くとれますが、今は韓国や中国、ロシアからの輸入物が活け貝、むき身、加工品を含め8割以上を占めています。

　同じ仲間にサトウガイ、サルボウ、ハイガイなどがあり、一部の市場ではアカガイをこれらと区別するため、「本玉」や「赤玉」と呼ぶことがあります。

　サトウガイは殻の形がアカガイに酷似していますが、殻表の筋は38本ほど。アカガイと違い外洋に面した砂底に生息しています。場違いのところにいるため「ばっち」や「ばち」と呼ばれ、千葉県産などが出回っています。

　サルボウは内湾干潟などに生息し、殻表の筋は30〜34本。「コアカ」、または幼貝時に藻に付着しているため「藻貝」とも呼ばれます。瀬戸内海や九州産と中国産の輸入物が出回り、主に加工用でアカガイの缶詰などに利用されます。

正解 ☞ B

Q112

魚介

ブリの仲間（同属）でないのは、次のどれでしょう。

[A] カンパチ
[B] サワラ
[C] ヒラマサ

解説

ブリは日本沿岸を北海道から東シナ海まで回遊する魚。出世魚のひとつで、一般に関東ではワカシ→イナダ→ワラサ→ブリ、関西ではツバス→ハマチ→メジロ→ブリと呼び名が変わります。

俗に東のサケ、西のブリといわれるように、関西ではブリは正月に欠かせません。旬は冬で、脂ものったこの時期のものを寒ブリと呼びます。近年養殖物が増えていますが、天然物としては富山湾の定置網でとれる「越中ブリ」が知られ、特に「氷見の寒ブリ」は市場で高い評価を得ています。

ブリの仲間にはカンパチ、ヒラマサがあり、ブリより南方域に生息し、漁獲量が少なくブリ以上の高級魚です。

カンパチの旬は夏から秋。頭部に眼を通る黒い帯が左右1本ずつあり、前から見ると「八」の字に見えるところからカンパチ（間八）と呼ばれるようです。

ヒラマサの旬は夏で、口のつけ根の上端が丸いことでブリと区別できます。ブリは角ばっています。またブリより体は少し平たく、そこからヒラマサ（平政）と呼ばれるようです。

正解 ☞ B

Q113

魚介

フグがもつ毒は何と呼ばれているでしょう。

[A] テトドブロムヘキシン
[B] テトロイドキシン
[C] テトロドトキシン

解説

フグの種類はフグ科、ハリセンボン科、ハコフグ科などを含め世界に100種以上ありますが、日本で食用とされるのは10数種。主なものにトラフグ、カラス、マフグ、シマフグ、シロサバフグなどがあります。

フグは淡泊な白身の高級魚ですが、テトロドトキシンという毒をもっています。種類により毒のある部位は異なり、トラフグやカラス、シマフグは卵巣、肝臓、腸、マフグは卵巣、肝臓、皮、腸が有毒。シロサバフグは無毒です。

フグの取り扱いや調理などに関しては規制条例が設けられています。フグはあたると命にかかわるので鉄砲とも呼ばれ、そこから、フグ刺身には「てっさ」、フグちりには「てっちり」の名が使われています。

フグで有名な下関市には、全国からフグが集められ、フグ専門市場として知られる南風泊(はえどまり)市場はフグの取扱量日本一を誇っています。また日本には、石川県の旧美川町特産で珍味とされるフグの卵巣の糠(または粕)漬けのように、フグ毒を無害化する食文化が残されています。

正解 ☞ C

Q114 魚介

ウニには食用となる生殖巣（卵巣あるいは精巣）はいくつあるでしょう。

[A] 1つ
[B] 3つ
[C] 5つ

解説

　ウニの漢字表記は「雲丹」や「海胆」。主に、「海胆」は生のもの、「雲丹」は塩漬けなど加工されたものを指すようです。このほか、姿がいが栗に似ているので「海栗」とも書きます。

　ウニは雌雄異体で、食用とするのは殻の中に放射状に並んでいる5個の未熟な卵巣や精巣です。一般に、殻から取り出したこれら生殖巣は身くずれを防ぐためミョウバン液などに浸漬後、木箱（舟）などに並べて出荷されます。

　市場では赤みを帯びたものを「赤」、少し黄みがかったものを「白」と呼んでいます。色はウニの種類や餌とする藻類の種類などにより異なります。

　日本で主に食用にされるのはバフンウニ、ムラサキウニ、キタムラサキウニ、エゾバフンウニ、アカウニ、シラヒゲウニなど。バフンウニ系はムラサキウニ系に比べると、赤みを帯びています。

　国産物では良質な藻類が豊富な北海道や三陸産のウニが人気。輸入物も出回っていて、国産物と大きさを比較すると、韓国や中国、ロシア産は同程度、カナダやアメリカ産は大きめ、チリ産は小さめです。

正解　C

Q115 魚介

アナゴの幼生は何と呼ばれるでしょう。

[A] シラウオ
[B] アングーラス
[C] ノレソレ

解説

　一般にマアナゴをアナゴと呼びますが、同属のクロアナゴや別属のギンアナゴ、ゴテンアナゴなども食用とされています。

　マアナゴは大きなものは雌で1m、雄で40cm程度に成長します。体側に白い点が規則正しく並んでいるので、「はかりめ」の別名もあります。

　北海道以南の太平洋沿岸から東シナ海に分布し、海藻の多い砂泥底に生息します。東京湾、瀬戸内海、有明海のマアナゴが有名で、活けものや開きの状態などで出回ります。マアナゴは白身で、ウナギより脂分が少なく淡泊です。韓国産も出回っていますが、国産に比べて大ぶりのようです。

　マアナゴやクロアナゴの幼生レプトセファルスは「ノレソレ」の名で高知県などでは珍味として扱われています。

　クロアナゴとマアナゴは似ていますが、体色が前者は黒褐色で後者は茶褐色です。どちらも1mを超えるものは市場では「オオアナゴ（関西ではデンスケ）」とも呼ばれます。

　秋田県男鹿半島では加工品の棒アナゴ（焼きアナゴ）が知られていますが、これはアナゴではなくヤツメウナギの仲間のクロヌタウナギを使っています。

正解 ☞ C

Q116　魚介

孵化したウナギは成長するにつれ体色が変化し、それにともない名前も変わりますが、正しいのはどれでしょう。

[A] シラスウナギ→黄ウナギ→クロコ→銀ウナギ
[B] シラスウナギ→クロコ→黄ウナギ→銀ウナギ
[C] シラスウナギ→銀ウナギ→クロコ→黄ウナギ

解説

　ウナギは昔から滋養があり、特に夏バテによいとされてきました。万葉集にも歌が残されています。

　ウナギの生態はまだよく分かっていません。外洋で産卵・孵化しレプトセファルス（葉形幼生）期を経て、透明な「シラスウナギ（アングーラス）」となり日本各地の沿岸にやってきます。その後少しずつ体が透明から黒く変わった「クロコ」が河川を遡上し、「黄ウナギ」として河川で5～10数年過ごします。成長を終えると河川を下るころには腹が銀色の「銀ウナギ」となり、外洋へと産卵に向かうのです。

　天然ウナギは年々減少の一途ですが、青森の小川原湖、関東の利根川、那珂川、四国の吉野川、四万十川、九州の筑後川などのものが出回ります。

　養殖には露地池養殖と水温管理のできるハウス養殖があります。国内では鹿児島、愛知、宮崎、静岡産などの養殖物が出回っています。

　なお養殖のウナギも種苗となるシラスウナギは沿岸にやってくるものを捕獲して使っているため、安定したものではありません。輸入物では、中国や台湾のものが活けものや白焼きなどの加工品ともに増加しています。

正解　☞　B

Q117 魚介

ハモの成長速度について、正しいのはどれでしょう。

[A] 雌雄とも同じ
[B] 雄が早い
[C] 雌が早い

解説

　ハモは関西での需要が高く、京都の祇園祭や大阪の天神祭には欠かすことのできない夏の食材です。歯が鋭く強い顎をもち、アナゴと同様ウロコと腹ビレがありません。また雄より雌が早く成長し、5歳で雄は500gほどに、雌は900gほどになります。漁獲量の約80％は5歳以下。市場で高値取引されるのは500g前後のものです。

　ハモは本州中部以南に生息する暖海性の魚で、主要漁獲地は徳島、兵庫、山口、愛媛、和歌山、大分など関西以西。漁場としては紀伊水道海域が知られ、ハモの巣と称されています。

　最近では中国や韓国などからの輸入が増え、総量で国産を上回っています。

　ハモの同属にスズハモがいますが、最近、市場ではあまり目にしません。両者を比べると、ハモは一般にずんぐりしていて体色は雌が赤銅色、雄は黄褐色。スズハモは全体的に細長くスマートで、体色は青みがかった黄褐色です。

　また日本周辺には、ハモやスズハモと別属ですが、ハシナガハモやワタクズハモが生息しています。

　ちなみに漢字の鱧は中国語ではライギョのことを指します。

正解 ☞ **C**

Q118

肉

黒毛和種は次のうちどれに該当するでしょう。

[A] 乳牛
[B] 交雑牛
[C] 和牛

解説

　牛肉には国産牛肉と輸入牛肉があります。国産牛肉は牛の種類により和牛と国産牛に分けられます。和牛は肉専用種で、黒毛和種、褐毛和種、日本短角種、無角和種の4品種を指します。国産牛は和牛を除く牛のことで、①和牛以外の品種、②和牛と和牛以外の品種をかけ合わせた交雑種、③生体で輸入された牛のうち、国内での飼養期間が外国のそれよりも長いものがあります。

　輸入牛肉は国産牛肉以外の肉です。①外国から輸入された牛肉、②生体で輸入された牛のうち、国内での飼養期間が外国のそれよりも短いものがあります。

　牛肉はと畜後、一定期間貯蔵して肉を熟成させ、おいしく食べられるようにします。と畜直後の肉はやわらかく、しばらくすると死後硬直がおこってかたくなり、その後解硬がはじまり再びやわらかくなります。

　解硬は自己消化によるもので、タンパク質が酵素で分解されて肉がやわらかくなるとともに、イノシン酸やアミノ酸などが作られて風味や旨味が増します。貯蔵は2〜4℃の低温で行われ、熟成の終わったものが販売されています。

正解　☞　C

Q119　加工品

日本では、生乳や牛乳から乳脂肪分以外の成分を除去したものをクリームと呼びますが、その乳脂肪分は何％以上でしょう。

[A] 15％
[B] 18％
[C] 23％

解説

　クリーム類の容器に表示されている種類別の欄をよく見ると、「クリーム」または「乳等（乳または乳製品）を主要原料とする食品」と記されています。種類別は厚生労働省の「乳及び乳製品の成分規格等に関する省令」（乳等省令）で規定されている分類です。

　「クリーム」は、生乳、牛乳または特別牛乳から乳脂肪分以外の成分を除去したものと定義され、乳脂肪分18％以上、ほかの脂肪や添加物などを一切含まないものと規定されています。

　「乳等を主要原料とする食品」は、乳化剤や安定剤などの添加物を加えたもので、乳脂肪だけのもの、クリームの乳脂肪の一部を植物性脂肪と置き換えたもの、乳脂肪のすべてを植物性脂肪と置き換えたものの、3タイプがあります。

　また用途別では、ホイップ用やコーヒー用などがあり、さらにこれら液状のもの以外に、ホイップした製品や粉末にしたクリームパウダー、乳酸発酵したサワークリーム、乳脂肪が60％ぐらいのクロテッドクリームなどがあります。

正解　☞　**B**

Q120 調味料

日本でケチャップといえばトマトですが、かつてイギリスでケチャップの原料としてよく使われていたものはどれでしょう。

[A] マッシュルーム
[B] マトン
[C] ビール

解説

　ケチャップのルーツは中国などアジア地域にあるといわれています。魚介類などを原料に作られていた魚醤（ぎょしょう）のようなものがそれ。これがイギリスに伝わり、魚介だけでなくマッシュルームやクルミなども原料として使われるようになりました。その後、アメリカに伝わり、現在のトマトを使ったトマトケチャップが誕生しました。

　JAS規格では、トマトケチャップとは、濃縮トマト※に食塩、香辛料、食酢、砂糖類及びタマネギまたはニンニクを加え調味したもので、可溶性固形分（トマトの濃度）は25％以上のものと定義されています。

　ちなみに、トマトジュースは、トマトを破砕して搾汁し、または裏漉しし、皮、種子などを除去したもの。またはこれに食塩を加えたもの。トマトピューレは、濃縮トマトのうち、無塩可溶性固形分が24％未満のもの。トマトペーストは、濃縮トマトのうち、無塩可溶性固形分が24％以上のものと定義されています。

※濃縮トマト　無塩トマトジュースを濃縮したもので、無塩可溶性固形分が8％以上のもの。

正解　A

料理がわかると、もっと美味しい！
料理検定

● 申し込み方法など料理検定に関する情報は、料理検定公式ホームページにて随時お知らせしています。

http://ryouri-kentei.jp

辻調理師専門学校

　「食のプロを育てる」日本最大級の食の総合教育機関である辻調グループは、辻調理師専門学校を中心に、フランス料理、イタリア料理、日本料理、中国料理、製菓、製パン、カフェにいたるまで専門的に学べる学校を、大阪・東京・フランスに15校擁している。「実技をこなす学者」といわれた、料理研究の第一人者であり日本人初のフランス最優秀料理人賞（M.O.F.）名誉賞を受けた辻静雄（1930 – 1993）が1960年に創設し、2013年で創立54年目を迎える。日本だけでなく世界の飲食・サービス業界で活躍している卒業生は、約13万人。優秀なプロを育てるその教育ノウハウは高く評価されている。

　「教えることによって学ぶ」という建学の精神のもと、専属講師陣の育成にも力を入れている。同校の教授陣・研究所員が執筆・翻訳・監修した書籍は『プロのためのわかりやすい』シリーズ、『新ラルース料理大事典』など700冊を超え、2000年には九州・沖縄サミットにおいて首脳社交晩餐会を総合プロデュースするなど、その実力は世界的にも認められている。

http://www.tsujicho.com

著　者　　大阪あべの辻調理師専門学校

［技術部門］
日本料理担当　　畑 耕一郎
西洋料理担当　　水野 邦昭
　　　　　　　　西川 清博
　　　　　　　　永作 達宗
中国料理担当　　松本 秀夫
食材担当　　　　松井 幸一

［学術部門］
日本料理担当　　重松 麻希
西洋料理担当　　中尾 祐子
　　　　　　　　近藤 乃里子
中国料理担当　　福冨 奈津子
食材担当　　　　浅野 和子

［執筆協力］
日本料理担当　　小谷 良孝
西洋料理担当　　可児 慶大

デザイン　　橘 浩貴デザイン室
イラスト　　大平年春
校　正　　　野尻浩一
編集協力　　アイベリー

料理検定
公式問題集＆解説【1級】

2009年8月20日　初版発行　　2017年11月20日　3刷発行

編　者　　大阪あべの辻調理師専門学校　料理検定委員会
発行者　　竹下晴信
印刷・製本　凸版印刷株式会社
発行所　　株式会社　評論社
　　　　　〒162-0815　東京都新宿区筑土八幡町2-21
　　　　　電話　営業03-3260-9409　FAX 03-3260-9408
　　　　　　　　編集03-3260-9403
　　　　　振替00180-1-7294

©Tsuji Culinary Institute
Printed in Japan
ISBN978-4-566-07402-6
落丁・乱丁本は本社にておとりかえいたします。

＊本書のコピー、スキャン、デジタル化等の無断複製は著作権法上での例外を除き禁じられています。本書を代行業者等の第三者に依頼してスキャンやデジタル化することは、たとえ個人や家庭内の利用であっても著作権法上認められていません。